하나님의 러브 레터

청소년을 위한 성경 통째로 살펴보기

허식 지음

박문사

이 책을 **녹옥혼식**綠玉婚式(에메랄드, 결혼 40주년)을 맞이하면서

하나님의 선교 사역에 헌신할 수 있도록

배려해 주며 동행하여 준 사랑하는 **아내**와

부모형제와 자녀들과 손주들에게 사랑을 담아 드립니다.

저자의 말

성경 전체의 맥을 잡을 수 있는 입문서이길 바라며

중·고등학교 교목校牧으로 20여 년간 사역하다 보니 교육현장에서 변화된 것이 많았지만 그중에서도 교과목 이름이 '성경'에서 '종교'로 바뀌어지며, 교과서에서 성경과 신앙의 교과 내용이 점점 축소되어 가는 안타까움을 보았습니다.

이러한 상황에서 성경에 관심을 가지는 청소년들과 일반 교우들이 성경 전체를 통찰하며 공부할 수 있는 입문서로 이용될 뿐만 아니라 성경에 나타난 인물들을 통해 '역할 모델Role Model'을 찾았으면 하는 바람으로 성경을 종합하여 정리해 보았습니다.

가령 링컨 대통령으로부터는 정직성을, 에디슨으로부터는 집념을, 마틴 루터 킹 목사로부터는 넘치는 꿈을 발췌하여 자신이 따를 덕목으로 정하는 것입니다. 자신이 읽은 전기傳記나 자서전自敍傳의 주인공을 삶의 총체적 모델이 아니라 어떤 특정한 부분을 모델로 삼는다는 것입니다.

자료들은 한국기독교학교 연맹에서 발행한 『종교(기독교)』와 『생활과 종교』의 틀과 내용을 참고하였음을 밝힙니다. 참고 및 출처를 밝혀 본다고는 했지만, 출처를 다 밝히지 못했음을 송구스럽게 생각합니다.

1부, 2부는 성경 전체를 소개하고 안내하는 내용이며, 3부, 4부, 5부, 6부는 구약 성경의 내용이고, 7부, 8부, 9부는 신약 성경의 내용이며, 본문에서 인용하는 성경 구절들은 〈개역 개정〉입니다.

성경에 관한 지식을 배우고 가르치기보다는 성경 안에 있는 말씀에서 지혜를 가르치고 배웠으면 하는 바람이기도 합니다.

책을 내면서 그동안 함께해 온 사랑하는 아내와 가족들에게 정말 고마움을 전합니다. 아울러 부족함에도 추천의 말씀으로 격려해 주신 한국기독교학교 연맹 백영철 이사장님, 강남교회 전병금 담임목사님, 한국기독교장로회 총회교육원 최윤태 원장님에게 진심으로 감사드립니다.

또 발행된 지 오래되어 구하기 어려웠던 책들을 제공해준 대성고등학교의 강민구 전도사님과 책을 쓰도록 격려해주신 한승진 목사님, 홍원규 대표님, 한국기독교학교 연맹의 안두선 사무총장님, 출판사 '박문사'의 윤석현 사장님과 김선은 과장님 그리고 협력하여 주신 모든 분들에게 진심으로 감사를 드립니다.

2015년 8월에,
고양 원당 어울림 마을에서
허식 드림

추천의 말 1

성경 전체를 통째로 이해할 수 있게 하다!

20여 년간 청소년들의 심성을 이해하며 교목으로 사역하시면서 청소년들을 직접 지도하셨던 허식 목사님께서 저희 한국기독교학교 연맹에서 출간한 교과서도 참고하셔서 『하나님의 러브 레터』를 출간하게 되신다니 마음으로부터 깊이 축하드립니다.

성경은 가장 오랫동안 가장 많은 사람들이 애독해 온 고전입니다만, 청소년들이나 일반인들이 읽고 이해하기에는 분량이 너무 많고, 문체가 어렵습니다.

『하나님의 러브 레터』는 이 어려움을 해결했다고 봅니다. 성경 전체 스토리를 연대순으로 구성하고 주요 내용을 키워드로 제목을 설정하여 핵심을 짚어 주면서도, 주요 내용들을 청소년들이 꼭 알 수 있도록 10줄 내외로 쉽게 정리하였습니다.

신구약 성경 전체를 청소년들이 쉽게 이해할 수 있을 뿐만 아니라 성경에서 삶의 지혜를 터득할 수 있도록 정리되어 있으며 특별히 '살펴보기'를 통해 배운 것을 확인·점검할 수 있도록 되어 있기에 학교에서나 교회에서 성경 공부의 교과서로 사용하여도 부족함이 없겠습니다. 더욱이 살펴보기를 세심하게 해설하여 첨부하여 주어 더욱 도움이 되리라 봅니다.

우리나라의 교회와 나라의 미래를 책임질 인생에서 가장 중요한 시기에 있는 청소년들과, 학교와 교회에서 청소년 사역을 담당하고 계시는 교사와 목회자 그리고 성경에 관심이 있어 성경 전체 내용을 통째로 이해하고자 하는 일반 교우들에게 널리 읽혀지고 사용되어져 아름다운 미래를 꿈꾸며, 지혜로운 삶을 살아갈 뿐만 아니라 삶의 방향을 바르게 정하는 데 큰 도움이 되리라 믿어 추천하면서 축하드립니다.

백영철 박사
한국기독교학교 연맹 이사장

추천의 말 2

어거스틴 같은 위대한 인물들이 많이 배출되길 바라며

근자에 청소년들이 교회를 떠나는 현상이 일어나고 있습니다. 청소년은 한국 교회의 미래라고 할 수 있는데, 그들이 떠난다는 것은 한국 교회의 미래의 전망이 어둡다는 것을 반증합니다. 그렇기 때문에 한국 교회는 한국 교회의 미래인 청소년들을 어떻게 그리스도의 사람으로 붙잡아 놓을 수 있을까 고민하지 않을 수 없는 형편입니다.

이때 교회 목회와 중·고등학교에서 오랫동안 교목으로 사역하셨던 허식 목사님께서 『하나님의 러브 레터』라는 책을 출판하게 되었습니다. 저는 이 책이 우리나라의 청소년들에게 크게 도움이 되며 영적인 길잡이가 되리라고 확신합니다. 저자는 우리 교회의 협동 목사로 함께 사역하신 참 신실하신 목사님입니다. 저자는 교목으로 사역을 하는 동안 우리 교회에서 함께 사역해 왔기 때문에 그의 성실성과 진실성 그리고 성서에 대한 그의 애정을 잘 알고 있습니다.

저자가 심혈을 기울여서 쓴 『하나님의 러브 레터』가 꿈나무인 많은 청소년들에게 장래의 길잡이가 되리라고 확신하며 소망합니다. 성경에 관심을 가진 청소년과 교우들이 이 책을 통해 성경을 올바르게 볼 수 있는 안목을 가질 수 있는 안내서가 되리라 확신합니다. 부디 많은 청소년들이 이 책을 통하여 한국의 어거스틴과 같은 위대한 인물로 거듭나길 바라며, 축하드립니다.

전병금 목사
강남교회 담임목사·한국기독교장로회 증경총회장

추천의 말 3

> 균형 잡힌 신앙으로 인도하기에
> 충분한 성경 입문서입니다.

오랫동안 중·고등학교에서 교목으로 사역하신 허식 목사님께서 이번에 『하나님의 러브 레터』라는 성경 입문서를 출간하게 된 것을 참으로 기쁘게 생각합니다. 청소년기는 가치관을 세우는 시기입니다. 청소년기에 읽은 한 권의 영향력 있는 책은 가치관을 세우는 일에 커다란 영향을 끼칠 수 있습니다. 『하나님의 러브 레터』가 청소년들에게 잊지 못할 소중하고 의미 있는 책으로 남을 수 있기를 기도합니다.

저자의 글에는 몇 가지 특징이 있습니다. 먼저 저자의 글은 따스함이 느껴집니다. 『하나님의 러브 레터』라는 책 제목에서부터 저자의 따스함이 느껴집니다. 따스한 마음으로 청소년이면 누구나 재미있게 읽고 쉽게 다가갈 수 있도록 친절하게 성경에 대해서 이야기하고 있습니다.

다음으로 저자의 글은 균형이 잘 잡혀 있습니다. 어느 한쪽에 치우치지 않으면서 객관적으로 성경에 대한 이해를 도모하며 성경의 내용을 간결하면서도 정확하게 묘사하고 있습니다. 청소년들이 읽는 글에서 균형감각은 중요합니다. 이 책은 전체의 내용을 펼쳐감에 있어서 균형감각을 잃지 않으면서 그 내용의 깊이와 의미를 놓치지 않고 있습니다.

마지막으로 이 책은 매우 구체적인 내용을 담고 있습니다. 성경에 대해서 궁금해하는 청소년들이 이해하고 습득할 수 있는 구체적이고 풍성한 내용을 이야기하고 있습니다. 특히 제9부 교회의 역사 부분은 이 책을 읽는 청소년들에게 기독교와 선교에 대한 새로운 시각을 열어 줄 것입니다. 또한 책의 틀을 구성하고 있는 '살펴보기'와 그에 따른 부록 '살펴보기 해설'은 이 책을 접하는 독자들이 한번 쉬며 생각할 수 있는 여백을 두고 있다는 점에서 흥미롭습니다.

2017년은 종교개혁자 마틴 루터 탄생 500년이 되는 해입니다. 마틴 루터가 기여한 일 가운데 하나가 성경을 독일어로 번역한 것입니다. 갇혔던 하나님의 말씀이 열려 만인의 성경으로 다가가게 되었습니다. 우리나라도 이와 유사한 역사를 가지고 있습니다. 말은 조선말이요 글은 한문漢文을 사용하는 언문불일치言文不一致 시대에 스코틀랜드 선교사 존 로스 목사를 도와 최초로 세례교인이 된 백홍준이 한글로 성경을 번역했고, 비로소 우리나라에 사는 우리 모두가 읽을 수 있는 성경을 가지게 되었음을 기억합니다.

이 책이 청소년들과 성경에 더 가까이 다가가고 싶은 사람들에게 널리 읽혀졌으면 하는 바람입니다. 성경에 대한 기초적인 이해와 균형 있는 시각은 신앙을 바르게 세우는 데 무엇보다 중요하기 때문입니다. 『하나님의 러브 레터』가 오늘의 꿈나무인 청소년들과 일반 독자들에게 하나님의 넓고 깊은 은총의 세계를 향해 나아가도록 돕는 디딤돌이 될 수 있으리라 믿습니다.

최윤태 목사

한국기독교장로회 총회교육원 원장

차례

제2부 성경과 삶 53

제3부 창조하시고 인도하시는 하나님 79

제4부 역사를 주관하시는 하나님 119

제5부 지혜를 주시는 하나님 149

제9부 교회의 역사 265

제1부

성경과의 만남

1. 성경이란 무엇인가?

1.1. 성경의 역사

하나님의 뜻

하나님의 러브 레터Love Letter인 슈퍼 북Super Book 『성경聖經, Bible』은 기독교의 경전으로 신·구약 성경으로 되어 있다. 구약은 본래부터 유대교의 경전이었고, 구약과 신약을 합친 성경전서는 개신교의 경전이고, 여기에 '제2경전'을 합친 것이 천주교(가톨릭)의 경전이다.

기독교의 경전을 우리나라에서는 '성경' 혹은 '성서'라고 부른다. 중국에서는 성경聖經이라고 하고 일본에서는 성서聖書라고 하는데, 우리나라 기독교는 이 두 이름을 함께 쓰고 있다. 우리가 성경이나 성서라고 하는 것을 영어로는 'The Bible', 독어로는 'Die Bibel', 불어로는 'La Bible'이라고 한다. 이 이름들은 모두 '책'을 뜻하는 그리스어 'biblia(biblos의

복수형)'에서 유래한 것이다.

성경은 하나님의 말씀으로서 하나님의 뜻에 의해, 약 1,500년간에 걸쳐 여러 사람들에 의해 기록되었다.

성경은 한 권의 책인 동시에 여러 책들의 합본이기도 하다. 성경은 각각 독특한 특징을 가지고 있는 여러 단편적인 자료들이 긴 세월 동안의 여러 과정을 거쳐 통일성을 이루며 편집되었다. 이러한 과정을 거쳐 현재의 구약 성경 39권과 신약 성경 27권 합 66권으로 되어 있다.

기억해야 할 일은, 이러한 성경의 형성 과정 속에 하나님이 늘 함께하셨다는 것이다.

성경의 원본과 사본

신·구약 성경의 최초의 원본原本은 안타깝게도 지금은 하나도 남아 있지 않다.

고대 사회에서는 파피루스Papyrus라는 종이와 양피지羊皮紙를 이용하여 책을 만들었다. 그래서 하나뿐인 원본은 오래 보존될 수 없었기 때문에 원본을 옮겨 쓴 여러 종류의 사본寫本들이 생기게 되었다. 원본의 복원은 여러 종류의 사본들을 서로 비교 연구함으로써 이루어진다. 이러한 과정들을 거치면서, 여러 차례의 종교 회의를 통해 오늘날 우리가 사용하는 경전에까지 이르게 되었다.

현재까지 발견된 성경 사본은 약 5,000여 종이나 된다. 기원전 2세기경에 기록된 사해死海 사본[1]이 1947년 10월에 발견되었다. 현재 발견된

1 1947년 이스라엘 사해 근처에서 베두인족의 한 소년이 잃어버린 양을 찾다가 근처 쿰란 동굴에서 두루마리에 싸인 구약 성경의 단편적인 사본들을 발견하였는데, 이때 발견한 사본들을 사해 사본이라 한다.

사본 중 이 사해 사본이 가장 오래된 사본으로 인정되고 있다. 이 사본과 현재 우리가 가지고 있는 성경의 내용이 같다는 것이 확인되었다.

성경의 경전화

성경은 긴 세월 동안 여러 차례의 종교 회의를 거치며 경전화經典化 작업이 이루어졌다. 구약 성경이 신약 성경보다 먼저 경전화되었다.

얌니아 종교 회의

구약 성경의 첫 시작인 모세 오경은 율법서로서 기원전 4세기 중엽에 경전화되었고, 예언서는 기원전 2세기 초엽에, 성문서는 기원전 75년쯤에 모아졌다. 최종적으로 구약 성경은 기원후 90년 얌니아 종교 회의에서 39권이 성경(경전)으로 확정되었다.

카르타고 종교 회의

신약 성경은 기원후 50년경부터 경전화가 시작되어, 기원후 397년 카르타고 종교 회의에서 27권이 성경(경전)으로 확정되었다.

외경과 위경

성경의 경전화 작업이 끝나자 경전으로 선택되지 못한 책들이 생겨나게 되었는데, 이것을 성전聖傳, 외경外經[2] 또는 위경僞經[3]이라고 한다.

2 성경의 경전화 과정에 성경에서 제외되었으나, 읽어서 도움이 될 수 있는 문서들을

이제 기독교는 성경의 경전화 작업이 끝나, 성경에서 어느 한 책이라도 빼내거나, 성경 외의 그 어떤 책이나 자료도 성경(경전)으로 인정하지 않을 뿐만 아니라 할 수도 없다.

신약이 쓰여진 이유

신약 성경이 쓰여지게 된 것은, 예수 그리스도가 승천한 후에 예수를 직접 마주 대하였던 제자들이 세상을 떠나게 되자, 예수 그리스도의 말씀과 사건들을 기록해야 할 필요성이 생겼기 때문이다.

또한 사도들의 전도 활동에 의해 여러 곳에 교회가 세워지면서, 그리스도인들에 대한 신앙 지도와 신앙생활에 관한 설명을 서신(편지) 형식으로 보내어 읽도록 하였다. 이러한 서신(편지)과 예수 그리스도의 생애와 언행言行을 기록한 문서들이 후에 신약 성경으로 결정되었다.

1.2. 성경의 기록

하나님의 드러내심

파스칼Blaise Pascal(1623-1662)은 하나님을 '숨겨진 하나님'이라고 말하였다. 영靈이신 하나님이 스스로 사람들에게 자신을 드러내지 않고서는 사람들은 절대로 하나님에 대하여 알 수 없기 때문이다.

말한다. 루터는 "외경, 이는 성경과 동등시될 수 없는 책이지만, 읽어서 유익하고 '좋은 책'이다."라고 하였다.

3 이단적인 내용이거나 출처가 불분명하여 성경의 경전화 과정에 성경에서 제외된 문서들을 말한다.

하나님이 자신을 드러내 보이셔서 사람들이 하나님을 알아보도록 하셨고, 하나님이 원하는 삶을 살도록 사랑의 약속(계약)을 해 주셨다. 이 약속의 책이 성경이다.

계시

계시啓示[4]는 하나님이 자신을 알 수 있도록 사람들에게 드러내 보이시거나, 사람들에게 알 수 있도록 하는 하나님 자신의 행위를 말한다.

계시를 통해 우리는 하나님을 예배하고 구원에 이르는 지혜를 얻게 된다. 하나님이 창조한 자연, 역사의 변천, 인간의 양심 등을 통해 알 수 있는 '자연 계시'와, 예수의 인격과 삶을 통해서 그리고 기록된 말씀을 통해서만 알 수 있는 '특별 계시'가 있다.

영감靈感의 기록

성경이 오랫동안 여러 사람에 의해 기록되는 과정에서 잘못됨이 없이 올바르게 기록되도록 하나님의 영이 함께하였다. 이것을 영감靈感이라 한다.

하나님의 영이 함께하였기 때문에 성경이 하나님의 말씀으로 권위를 갖게 되는 것이다.

하나님의 감동과 영감에 의해 기록된 말씀에는 하나님의 숨결과 생명력이 담겨 있기 때문에 성경은 살아 있는 말씀이다. 그러므로 하나님은

4 '깨우쳐 보여줌', '사람의 지혜로서는 알 수 없는 진리를 신이 가르쳐 알게 함'이라는 뜻이다.

이 말씀을 읽는 사람들에게 생명을 주고 깨달음과 교훈과 책망과 바르게 함으로 구원에 이르는 지혜를 주신다.(딤후 3:16－17 참고)

여러 가지 영감설靈感說

하나님이 성경을 기록한 사람들에게 어느 정도 개입하여서 영감을 주었는가에 따라서 주장이 각각 다르다.

하나님의 초자연적인 능력을 부인하는 사람들은 성경이 마치 위대한 문학의 천재가 걸작품을 만들어 내듯이 자연적 통찰력에 힘입어 지어낸 것이라는 직관적直觀的 영감설을 주장하기도 한다.

또 인간은 단순히 도구로서 생각이나 인격과는 관계없이 기록할 문장과 단어를 하나님이 직접 불러 주어 기계적으로 기록하였다는 기계적機械的 영감설, 그 밖에 사상思想 영감설,[5] 부분部分 영감설,[6] 축자逐字 영감설[7] 등이 있다.

하나님의 말씀

우리에게는 성경의 원본은 이제 남은 것이 없고 원본을 손으로 옮겨 적은 사본과 다른 글로 번역한 번역본飜譯本이 있을 뿐이다.

사본을 만들기 위해 글을 옮겨 쓰는 과정과 번역하는 과정에서 잘못이나 오류가 있을 수는 있지만, 하나님의 감동과 영감으로 기록된 성경

5 기록자의 사상에만 영감을 주어 전체적인 흐름에만 영향을 주었다고 주장하는 입장이다.
6 전체 내용 중 일부에만 영감을 주어 기록하게 하였다고 주장하는 입장이다.
7 기록자의 의도와 상관 없이 한 글자 한 글자를 하나님이 알려 주어 기록하게 하였다고 주장하는 입장이다.

을 '하나님의 말씀'이라고 본다. 그러므로 지금 우리가 가지고 있는 성경은 믿을 수 있는 '하나님의 말씀이다.'라는 원칙에 의해 모든 논쟁과 판단과 문제 해결의 지침이 되고 있다.

오늘도 성경은 성경을 읽는 사람에게 감동과 새 생명과 변화를 줄 뿐만 아니라 죄로 죽을 수밖에 없는 사람에게 새로운 삶을 살아가게 하고 있다.

1.3. 성경의 가치

영생의 길을 가르쳐 준다

성경은 모든 사람이 영원한 생명을 얻을 수 있는 길을 가르쳐 주고 있다.

성경의 가장 중요한 주제는 한마디로 '예수 그리스도를 통한 구원의 사건'이다. 즉 예수 그리스도로 인하여 모든 사람들에게 기쁜 소식이 전하여졌다.

구주 예수

예수는 본래 하나님의 본체이시나 하나님과 동등同等됨을 취하지 않으시고(빌 2:6), 하나님의 형상을 잃어버리고 죄에 빠진 사람들을 구하려고, 인간의 몸으로 이 세상에 오셔서 활동하셨다.

예수는 가난한 자, 억눌린 자, 무시당하는 자들뿐만 아니라 모든 사람들의 죄를 대신 지고 십자가에 못 박혀 죽으셨으며, 이 십자가의 사건으로 인하여 사람들은 누구든지 예수를 믿으면 영원한 생명을 얻게 되는 것이다.

예수는 "나는 부활이요 생명이니 나를 믿는 자는 죽어도 살겠고, 무릇 살아서 나를 믿는 자는 영원히 죽지 아니하리라."(요 11:25-26)라고 말씀하셨다.

또한 성경은 예수 그리스도가 지금도 우리들을 구원하시며, 미래에 다시 오실 것과, 하나님의 나라를 완성하실 것이라고 증거하고 있다.

바른 삶을 살게 한다

하나님은 사람들이 하나님의 말씀에 의지하여 서로 사랑하며 평화롭게 살아가기를 원하신다.

따라서 성경은 사람이 사람답게 살며 바르게 살아가는 방법으로 하나님께 신령과 진정으로 예배하고, 진리의 말씀인 성경을 열심히 배우고 실천하면서, 서로가 격려하며, 친구가 되어 주고, 어려운 이들을 돕고, 사랑을 함께 나누며 평화롭게 사는 것이라고 알려 준다.

사람은 본래 하나님과 같은 모습으로 창조되어, 항상 하나님과 소통하며 생활하도록 지음 받았기 때문이다.

사람들이 가장 사람답게 사는 길은 사람들에게 교훈과 책망과 바르게 함과 의로 교육하기에 유익하며, 온전한 삶을 살도록 인도하는 성경에서 찾을 수 있다.(딤후 3:16-17)

살펴보기

1. 구약 성경과 신약 성경은 서로 어떤 관계가 있는지 살펴봅시다.

2. 가장 감동적이라고 생각하는 성경 구절을 찾아 기록해 보고, 그 이유를 이야기해 봅시다.

3. 자신이 체험한 종교적 경험을 나누어 봅시다.

2. 구약 성경

2.1. 토라

구약 성경은 이스라엘 백성들이 자신들이 살고 있는 현실 속에서 여러 상황을 겪을 때마다 하나님이 그들에게 주신 말씀이다.

유대인은 구약 성경을 '토라Torah(율법)', '네비임Nebiim(예언서)', '케투빔Ketubim(성문서)'으로 분류하며, 전체를 가리켜 '토라'라고도 한다.

구약 성경의 분류

구약 성경 39권은 보통 율법, 역사, 문학, 예언 등 네 부분으로 나눈다.

① 율법서(모세 오경) / 5권: 창세기, 출애굽기, 레위기, 민수기, 신명기.

② 역사서 / 12권: 여호수아, 사사기, 룻기, 사무엘상, 사무엘하, 열왕기

상, 열왕기하, 역대상, 역대하, 에스라, 느헤미야, 에스더.

③ 시가문학서 / 5권: 욥기, 시편, 잠언, 전도서, 아가.

④ 예언서 / 17권: 이사야, 예레미야, 예레미야애가, 에스겔, 다니엘, 호세아, 요엘, 아모스, 오바댜, 요나, 나훔, 하박국, 스바냐, 학개, 스가랴, 말라기.

2.2. 율법서(모세 오경)

구약 성경의 처음 5권을 '모세 오경'이라고 한다. 연대적으로는 천지창조 때부터 모세의 생애 마지막까지를 포함하고 있다.

저자

모세 오경의 저자는 모세라고 한다. 그러면 모세가 다 기록했을까 하는 의문이 제기된다.

훈민정음(한글)은 세종대왕이 혼자 만들지 않고 집현전 학자들과 함께 연구하여 만들었다. 그런데도 세종대왕이 아니었으면 만들 수 없었기에 세종대왕이 훈민정음(한글)을 만들었다고 한다.

이처럼 모세 오경도 모세 혼자서 처음부터 끝까지 다 기록하지는 않았지만 모세가 아니었다면 모세 오경이 생겨날 수 없었을 뿐만 아니라, 모세의 가르침과 교훈을 핵심 내용으로 한 책이기에 모세가 기록하였다고 한다.

창세기

창세기에는 천지 창조 이야기와 인류의 조상에 관한 이야기(창 1장-11장) 그리고 이스라엘 민족이 선택받는 과정의 이야기(창 12장-50장)가 기록되어 있다.

출애굽기

출애굽기[1]에는 애굽(이집트)의 노예가 된 이스라엘 민족을 탈출시키시는 하나님의 위대한 사랑의 역사가 기록되어 있다.

하나님은 모세를 통해 이스라엘 백성들에게 십계명을 주시고, 이 계명을 성실히 지킬 것을 명령한다.

고대 나라의 법전(함무리비Hammurabi 법전, 고조선 8조법 등)에는 인간관계의 계명만 있고 신神과의 관계의 계명은 없는데, 모세의 십계명은 하나님과의 관계(1-4계명)와 인간 관계(5-10계명)의 계명으로 이루어져 있다는 점이 특이하다.

레위기

레위기[2]에는 애굽을 탈출하여 광야를 여행하면서 하나님에게 예배 드렸던 이스라엘 백성들의 이야기가 기록되어 있다. 하나님에게 드리는 주요 제사, 즉 번제燔祭,[3] 소제素祭,[4] 화목제和睦祭,[5] 속죄제贖罪祭,[6] 속건제贖

1 하나님의 명령에 따라 모세의 인도로 애굽을 탈출하는 40년의 여정이 기록되어 있다.
2 레위는 이스라엘에서 예배와 제사 등의 시행을 맡은 지파의 이름이며, 레위기는 종교의식, 제사, 일상생활에서 지켜야 하는 율법을 기록한 책이다.
3 안식일 또는 매달 초하루와 무교절, 속죄제에 짐승을 통째로 구워 제물로 바치던 제사.

愆祭[7] 등의 예배 규정과 함께 안식년과 희년禧年[8]에 관하여 이야기하고 있다.

민수기

민수기民數記[9]에는 출애굽한 이스라엘 백성이 약속의 땅 가나안을 향하여 가는 40년 동안 겪은 고난의 이야기가 기록되어 있다.

즉시 지름길로 가면 2-3개월이면 갈 수 있는 가까운 거리였는데 40년 동안 헤매며 고생한 것은, 이스라엘 백성들이 하나님의 뜻을 거역하고 도전하며 계약을 무시한 결과였다.

그러나 신실하신 하나님은 이러한 이스라엘 백성들을 용서하시고 훈련시킨 후 가나안 땅으로 들어가게 하셨다.

신명기

유대인들이 '훈계의 글'이라고 부르는 모세 오경의 마지막 책인 신명기[10]에는, 약속의 땅 가나안을 앞에 두고 모세가 이스라엘 백성들에게

4 고기붙이 없이 곡물을 제물로 하여 드리는 제사.
5 하나님과 사람과의 화목을 위해 동물을 제물로 드리는 제사.
6 허물(죄)을 씻기 위하여 동물로 드리는 제사.
7 타인에게 죄를 지었을 때 허물을 씻기 위하여 드리는 제사.
8 7년 주기로 찾아오는 안식년이 7회 반복된 그 이듬해 속죄일에 시작하여 다음해 속죄일까지 1년간 지켰다. 희년에는 안식년 규례가 그대로 적용되었다. 즉 채무자의 빚이 탕감되고, 종이 자유인으로 해방되며, 또한 토지나 가옥이 본래 주인에게 되돌려졌다.(레 25:8-16 참고)
9 이스라엘 백성의 최초 인구 조사 기록이 담겨 있어서 붙여진 이름이다.
10 신명기는 사회적 경제적 약자들(고아, 과부, 나그네, 노비, 레위인)의 배려와 보호를 강조한다. UN의 인권선언(1948년 선포)의 30개조 중 21개조가 신명기의 내용과 부합하고 있다.

한 마지막 유언과 같은 훈계의 설교들이 기록되어 있다.

모세는 이스라엘 백성들에게 하나님의 계명을 지키고 순종하는 사람은 큰 축복을 받을 것이라고 거듭 강조하고 있다. 그러기에 신명기는 적극적이고 실천적인 삶을 강조한다. 따라서 성경의 어느 책보다 명령형의 문체가 많다.

신명기의 가장 중요한 부분은, "이스라엘아 들으라. 우리 하나님 여호와는 오직 유일한 여호와이시니, 너는 마음을 다하고 뜻을 다하고 힘을 다하여 네 하나님 여호와를 사랑하라."(신 6:4-5)라는 말씀이다.

2.3. 역사서

역사서는 출애굽한 이스라엘 백성들이, 약속의 땅 가나안에 정착한 후에 겪었던 일들을 기록한 책들이다.

여호수아에서 사무엘하까지는 가나안 땅[11]을 차지하는 이야기를, 열왕기상·하와 역대상·하는 바벨론 포로 생활을 하게 되기까지의 사건을 기록하고 있다.

여호수아

여호수아는 모세의 후계자가 된 여호수아가 이스라엘 백성들을 이끌고, 하나님이 아브라함과 이삭과 야곱에게 약속한 가나안 땅을 정복한 후에, 그 땅을 12지파에게 나누어 준 것을 기록한 책이다.

11 애굽을 탈출한 이스라엘 백성들이 조상 때부터 하나님이 자신들에게 주기로 약속한 땅으로 '젖과 꿀이 흐르는 땅'으로 믿고 있는 팔레스타인 지역을 말한다.

사사기

사사기는 여호수아 이후 왕이 세워지기 전까지의 기간 동안 이스라엘 백성을 이끌었던 사사들에 대한 이야기가 기록된 책이다.

'사사士師'란 재판관, 제사장, 전쟁 때에는 우두머리 역할을 담당하는 사람으로, 하나님에게 영적인 힘과 특별한 은사를 받은 사람을 말한다.

대표적인 사사로는 드보라, 기드온, 삼손 등이 있다.

룻기

룻기는 다윗 왕의 증조모인 룻이라는 여인의 삶을 통하여, 하나님의 뜻에 순종하는 사람과 서로 사랑하며 살아가는 이들은 축복을 받는다는 것을 가르쳐 주는 책이다.

사무엘상·하

사무엘서는 사사 시대가 끝난 후, 이스라엘에 왕이 세워지는 과정과 이스라엘의 마지막 사사 사무엘이 세운 다윗 왕의 일생이 기록되어 있는 책이다.

열왕기상·하

열왕기는 다윗 왕이 죽은 기원전 971년부터 이스라엘이 바벨론에 멸망당한 기원전 586년까지의 역사를 기록한 책이다.

솔로몬 왕의 지혜로움, 성전과 왕궁의 건축 이야기, 그리고 이스라엘 백성이 하나님을 배반한 결과로 이스라엘 왕국이 남북으로 나뉘어 고통을 겪게 되는 과정을 기록하고 있다.

역대기상·하

역대기는 천지 창조로부터 바벨론 포로가 되기까지의 이스라엘 역사를 열왕기와는 다른 입장에서 기록한 책이다.

에스라 / 느헤미야

에스라와 느헤미야는 바사(페르시아)로부터 돌아온 이스라엘 백성들이 하나님의 성전을 다시 건축하고, 하나님에 대한 바른 신앙을 회복하고자 노력하는 모습을 담고 있는 책이다.

에스더

에스더서는 에스더라는 한 여인이 바사(페르시아)의 왕비가 되어 위험에 처한 유대인들을 용기 있게 구원한다는 이야기가 기록된 책이다. 이 책에서 우리는 이스라엘 민족을 사랑하시는 하나님의 다양한 모습을 볼 수 있다.

2.4. 시가 문학서

시가 문학서는 종교문학으로서, 다양한 형식으로 기록되어 있다. 고통 속에서 하나님을 만나는 욥기, 하나님을 향한 찬미의 노래인 시편, 지혜의 책인 잠언, 인생이 허무하기에 하나님을 의지해야 한다고 말하는 전도서, 아름다운 사랑을 표현한 아가서의 내용이 포함되어 있다.

욥기

욥기는 욥이라는 의로운 사람의 고난을 주제로 한 이야기로서, 인간의 삶 속에서 발생하는 고난과 경건한 삶을 다루고 있는 책이다.

시편

시편은 이스라엘 백성들이 하나님을 찬양하고, 감사하고, 신뢰하며, 기도하는 모습을 노래 형식으로 기록한 책이다.

시편에는 하나님, 자연, 세계, 역사, 사회, 인간, 죄, 고난, 기도, 감사, 회개, 기쁨, 불안, 죽음 등 온갖 삶의 요소들이 포함되어 있으며, 하나님을 향한 믿음과 기도의 노래들로 채워져 있다.

아가

아가雅歌서는 구약 성경에서 가장 아름다운 노래로서, 남녀 간의 사랑 이야기를 통하여 하나님과 인간의 사랑을 은유적으로 표현하고 있다.

잠언

잠언은 '지혜의 책'이라 불린다. 이 책은 사람이 세상을 어떻게 살아가야 하는가에 대한 구체적인 지혜를 가르쳐 주고 있기에, 2,300년이 지난 오늘날에도 잠언은 우리들에게 유익한 삶의 길잡이가 되고 있다.

전도서

"헛되고 헛되며 헛되고 헛되니 모든 것이 헛되도다."(전 1:2)로 시작하는 전도서의 내용은 세상을 허무하고, 희망이 없는 삶인 것처럼 표현하고 있는 듯하다. 하지만 인간의 삶을 이루고 있는 모든 것들이 헛되고 무익하기 때문에 더욱 하나님을 의지해야 함을 이야기하고 있다.

2.5. 예언서

예언서豫言書는 예언자(선지자)들이 이스라엘 백성들로 하여금 하나님과 바른 관계를 회복하고, 올바른 삶을 살아야 한다고 선포한 내용을 기록한 책들이다.

이사야

이사야서는 임마누엘[12]의 하나님과 장차 올 메시아(사 53장)에 대한 예언을 기록한 책이다. 이사야 예언자는 남 왕국 유다에 최초로 등장한

12 히브리어로 '하나님이 우리와 함께 계신다.'(마 1:23)는 뜻이다.

예언자이다.

예레미야 / 예레미야애가

예레미야와 예레미야애가는 '눈물의 예언자'라고 말하는 예언자 예레미야가 쓴 책이다.

예레미야는 이스라엘 백성들의 슬픈 미래를 안타까워하며 눈물로 회개를 촉구하고 있다.

에스겔

에스겔서는 이스라엘 백성들이 포로로 끌려간 땅 바벨론에서 최초로 등장한 예언자가 쓴 책이다.

그는 예레미야처럼 백성들의 불신앙과 불성실에 대하여 회개를 촉구함과 동시에 하나님이 이스라엘을 다시 일으켜 줄 것(겔 37:1-14 참고)을 환상을 통해 이야기하고 있다.

다니엘

다니엘서는 '묵시의 책'이다. 내용 중에는 다니엘과 세 친구들이 하나님에 대한 강한 믿음 안에서 온갖 시련을 이기고, 하나님이 살아계심을 증거한다는 이야기가 있는 책이다.

호세아

호세아서는 호세아가 아내 고멜에게 배반당하는 이야기를 통해, 이스라엘 백성들이 하나님을 배반하였으나 하나님은 끝없는 사랑으로 이스라엘 백성들을 용서하고, 사랑하고 있음을 가르쳐 주고 있다.

요엘

요엘서는 예언자 요엘이 메뚜기와 가뭄의 재앙을 예언하면서, 하나님의 심판의 날이 가까이 왔으니 회개하라고 예언한 책이다.

아모스

앞서 호세아가 사랑의 하나님을 예언한 반면, 아모스서에서 아모스는 악한 것에 대해 심판하시는 하나님의 정의를 말하고 있다.

오바댜

오바댜서는 에돔 족속의 멸망을 예언한 단 한 장으로 된 예언서이다.

요나

요나서는 하나님의 말씀에 불순종한 요나가 큰 물고기 뱃속에서 3일 동안 있으면서 회개한 후, 하나님의 명령을 따르는 구약 최초의 이방인 선교사 요나의 이야기이다. 하나님과 요나 사이의 대화는 우리들에게 많은 교훈을 준다.

미가

미가서는 농촌 출신의 예언자인 미가가 주로 농촌 사람의 입장에서 그 시대의 지배 계층을 신랄하게 비판하는 이야기를 기록한 책이다.

나훔

나훔서는 이방 나라 앗수르(아시리아)의 수도인 니느웨가 받을 심판에 관하여 예언한 책이다.

하박국

하박국서에서 예언자 하박국은 왜 이 세상에서 악인들이 잘되고, 의인들이 고통 받는가에 대하여 하나님에게 묻는다. 결국 보든 것이 하나님의 크고 깊은 뜻에 따라 이루어진다는 것을 깨닫고, 하나님을 찬양하며 어떤 환경에서도 하나님을 신뢰할 것을 이야기하고 있다.

스바냐

스바냐서는 왕족 출신의 예언자인 스바냐가 남 왕국 유다 요시아 왕의 시대에 활동한 내용이 담긴 책이다. 스바냐는 이스라엘 백성들에게 죄의 대가로 적군이 침공하여 전쟁의 비참함을 당하기 전에 회개하라고 예언하였다.

학개

학개서에서 예언자 학개는 바벨론 포로에서 돌아온 이스라엘 백성들에게 무엇보다 먼저 허물어진 하나님의 성전을 건축하고, 하나님에 대한 바른 신앙을 가져야 한다고 예언하고 있다.

스가랴

스가랴서에서 예언자 스가랴는 학개와 같이 성전 재건을 격려하고, 장래에 메시아가 올 것이며, 그가 하나님의 심판과 구원을 완성할 것이라고 예언하고 있다.

말라기

말라기는 정성 없이 예배하는 이스라엘 백성들에게 신령과 진정으로 예배하고, 하나님께 십일조를 기쁨으로 바칠 것을 강조하는 책이다.

살펴보기

1. 구약 성경 중 한 부분을 선택하여 발표해 봅시다.

2. 구약 성경 39권의 이름을 기록하고 암송하여 봅시다.

3. 구약 성경에 등장하는 인물 중 가장 흥미를 끈 인물을 기록하고 발표해 봅시다.

3. 신약 성경

3.1. 새 계약

신약 성경은 예수 그리스도에 대한 이야기를 기록한 책이다. 예수 그리스도는 우리 인간들을 사랑하셔서 이 땅에 오셨고, 누구든지 그 분을 구주救主로[1] 믿으면 영원한 생명을 얻게 된다는 복음을 선포하는 이 신약 성경을 '새 계약'이라고 한다.

신약 성경의 분류

신약 성경의 27권은 각각 표현은 다르지만 모두 예수가 우리의 구세주라는 사실을 증거하고 있다. 복음서, 역사서, 서신서, 예언서 등 네

1 구세주救世主라고도 하며 세상을 구원하실 분을 일컫는 말이다. '메시아'라는 말과 같은 뜻이다.

부분으로 나눈다.

① 복음서 / 4권: 마태복음, 마가복음, 누가복음, 요한복음.

② 역사서 / 1권: 사도행전.

③ 서신서 / 21권: 로마서, 고린도전·후서, 갈라디아서, 에베소서, 빌립보서, 골로새서, 데살로니가전·후서, 디모데전·후서, 디도서, 빌레몬서, 히브리서, 야고보서, 베드로전·후서, 요한1서, 요한2서, 요한3서, 유다서.

④ 예언서 / 1권: 요한계시록.

3.2. 복음서

복음

신약 성경은 4권의 복음서로 시작한다. 복음福音, Gospel이라는 말은 '기쁜 소식', '좋은 소식Good News'이라는 뜻으로, 전쟁에서 승리하였을 때나 새로운 왕이 즉위할 때와 같은 기쁜 소식을 알리는 경우에 사용되었던 말이다.

성경에서의 복음은, 예수 그리스도가 인간들을 찾아오셔서 구원을 이루어 주셨다는 소식을 말한다. 그러므로 예수 그리스도는 우리의 복음이 되신다. 이러한 예수의 이야기는 제자들을 통하여 전해졌고, 예수의 말씀과 교훈, 십자가에서 죽으심과 부활의 사건을 기록한 것이 바로 '복음서'이다.

공관복음

신약 성경의 복음서 4권을 읽어 보면 마태, 마가, 누가 이 세 권의 복음서는 서로 비슷한 이야기가 많고, 공통점이 있다는 것을 알 수 있다. 그래서 이 책들은 공통된 자료를 중심으로, 공통된 관점에서 기록되었다고 하여 '공관복음共觀福音'이라고 한다.

제4복음

요한복음은 공관복음과 성격이 다르다 하여 '제4복음'이라고 불리기도 한다.

3.3. 역사서

사도행전

사도행전은 처음 교회가 시작되던 시대에 일어난 일들을 기록한 책으로, 여러 제자들을 통하여 하나님이 어떻게 일하셨는지를 알려 주고 있다.

사도행전은 예수가 십자가에서 죽으시고 부활, 승천한 후, 교회의 생일인 오순절 날 성령을 받은 제자들이 복음 전파의 사명을 성실히 감당하는 이야기를 들려주고 있다.

제자들은 박해를 받으면서도 시련을 극복하고 복음을 전파하여, 그 당시 세계의 중심지인 로마에도 예수 그리스도의 복음이 전해지도록 하였다.

사도행전은 성령에 의해 교회가 세워졌고, 지금도 성령이 교회를 통하여 일하고 있음을 알려 준다. 그래서 사도행전을 '성령행전', '성령복음'이라고도 한다.

사도행전은 베드로 중심의 이야기(행 1장—12장)와 바울 중심의 이야기(행 13장—28장)로 이루어져 있다.

3.4. 서신서

바울 서신 / 일반 서신

신약 성경 중 서신서는 총 21권이며, 13권의 바울서신과 8권의 일반서신으로 이루어져 있다.

바울의 편지

이방인의 사도라 불리는 바울[2]이 쓴 것으로 알려진 13권의 편지는, 사도 바울이 여러 지역을 여행하면서 전도한 결과로 세워진 교회와 교인들에게 보낸 사랑의 편지와 디모데, 디도, 빌레몬과 같은 동역자들에게 보낸 개인적인 편지이다.

바울은 이 편지들을 통하여 그 당시 교인들을 유혹하여 잘못된 신앙으로 이끄는 이단異團[3] 사상과 거짓 전도자들을 조심하라고 경고하였고,

2 기독교 최대의 전도자이며, 기독교 형성에 가장 중추적인 역할을 한 사람이다. 그가 쓴 13권의 서신이 신약 성경에 실렸으며 복음을 전하다가 로마에서 순교당하였다.
3 정통의 가르침에 어긋나는 교의教義나 교파教派를 말한다.

교회와 교인들이 궁금해하는 질문들에 대하여 성실히 대답하며 신앙을 바르게 지도하였다.

또한 바울은 사랑하는 동역자 디모데와 디도에게 올바른 목회자의 길이 어떤 것인지 이야기해 주었고, 빌레몬에게는 하나님의 사랑을 실천하라고 권면하고 있다.

바울 서신을 다시 다음과 같이 분류할 수 있다.

① 여행서신(6권): 로마서, 고린도전·후서, 갈라디아서, 데살로니가전·후서를 말하며, 바울의 편지 중 가장 핵심적인 편지들이다.

② 옥중서신(4권): 에베소서, 빌립보서, 골로새서, 빌레몬서로서, 바울이 로마의 감옥에 갇혀 있을 때 소아시아의 여러 교회와 개인에게 보낸 편지들이다.

③ 목회서신(3권): 디모데전·후서, 디도서를 말하며, 바울이 젊은 동역자들에게 교회를 바르게 이끌어 가는 지혜를 소개하며, 격려한 편지들이다.

일반 서신

히브리서, 야고보서, 베드로전·후서, 요한1서, 요한2서, 요한3서, 유다서가 일반 서신들이다.

이 서신들은 어떤 특정한 교회나 개인에게 보내진 편지라기보다는, 그 당시 예수를 믿는 까닭에 박해와 어려움을 당하고 있던 많은 교회와 교인들이 함께 돌려가며 읽도록 각기 다른 사람들에 의해 기록되었기 때문에 '공동 서신'이라고도 한다.

이 서신들은 당시 여러 교회들이 당면한 공통적인 문제들, 즉 이단 사상과 예수 그리스도의 신앙을 가졌기에 당하는 어려움과 주님의 재림 등에 관하여 기록하고 있다.

또한 각 지방에 흩어져 있던 유대인들이 점차 예수 그리스도의 신앙을 받아들이고 있음을 알려 주기도 한다.

3.5. 예언서

묵시의 책

신약 성경의 마지막 책인 요한계시록은 로마 도미티아누스Domitianus 황제(재위 81−96) 때, 박해와 고난을 당하고 있었던 소아시아의 여러 교회와 교인들에게 종말론적인 희망을 준 '계시' 또는 '묵시'의 책이다.

구약 성경의 다니엘서와 함께 묵시 문학의 대표적인 책이다.

밧모 섬

요한은 에게 해海에 위치한 밧모 섬에 유배되어 그곳에서 신비한 환상을 통하여 하나님으로부터 계시를 받고, 장차 주 예수 그리스도에 의해 새 하늘과 새 땅이 이루어지고 완성될 것이라고 기록한 책이 요한계시록이다.

새 하늘과 새 땅

요한계시록은 이 세상의 종말과 새 하늘과 새 땅이 올 것을 예언하고 있는 미래적 성격의 책이다. 역사적 인물, 사건, 지명을 빌려 상징적으로 장차 올 미래의 사실을 표현하며, 세상 마지막에 승리의 주로 오실 예수 그리스도를 증언하고 있다.

살펴보기

1. 신약 성경의 가장 중요한 주제가 무엇인지 살펴봅시다.

2. 신약 성경 27권의 이름을 기록하고 암송하여 봅시다.

3. 신약 성경에서 가장 관심이 가는 부분이 어디인지 살펴봅시다.

제2부

성경과 삶

1. 삶의 기준인 성경
2. 성경을 이해하는 방법
3. 말씀의 실천

1. 삶의 기준인 성경

1.1. 삶의 규범

삶의 기준

사람은 누구나 삶의 기준을 가지고 세상을 살아가고 있다. 자기 자신이 삶의 중심인 사람이 있는가 하면, 내가 아닌 다른 무엇을 삶의 중심으로 삼는 사람도 있다.

시대가 흐르면 흐를수록 시간과 공간은 좁아지면서, 자기 자신을 삶의 기준으로 삼으며 자신만을 위해 사는 사람들이 점점 많아지는 것 같다. 그러다 보니 개인주의와 이기주의가 팽배해지면서 사회는 거칠어지고 인간의 존엄성은 점점 쇠퇴해 가고 있는 것 같다.

이러한 시대에 사는 우리에게는 함께 더불어 사람다운 삶을 살아가기 위한 참된 삶의 기준이 필요하다고 생각된다.

사람들은 함께 더불어 행복한 삶을 살아가고자 할 때, 그러한 삶을 살아가기 위한 어떤 규범規範[1]이나 기준을 알고 싶어 한다. 사람이란 본래 불완전한 존재이기에 아름답고 가치 있게 그리고 행복하게 살아가기 위한 길잡이가 필요하다.

우리가 함께 더불어 행복하며 정의롭고 평화로운 세상을 만들 수 있도록 삶의 기준과 방향을 제시해 주는 안내서가 바로 성경이다.

1.2. 정경

정경의 뜻

성경을 가리켜 기독교에서는 정경正經, Canon이라고 한다. 정경은 원래 물건을 측정하는 '자[尺]'와 중심을 잡아주는 추錘[2]라는 뜻을 가지고 있다.

성경은 우리가 삶을 살아가면서 어떻게 생각하고, 말하고, 판단하며 행동하는 것이 사람다운 삶, 행복한 삶을 살 수 있으며, 정의롭고 평화로운 세상을 만들 수 있는가를 확인하고 판단해 주는 잣대, 기준이라는 것이다.

성경은 우리 삶의 옳고 그름을 판단해 줄 기준과 잣대로서, 세상을 살아가는 데 올바른 규범과 길잡이인 것이다.

"모든 성경은 하나님의 감동으로 된 것으로 교훈과 책망과 바르게 함과 의로 교육하기에 유익하니, 이는 하나님의 사람으로 온전하게 하며

1 사실에 대한 자연법칙과는 달리, 인간이 행동하거나 판단할 때 마땅히 따라야 할 법칙과 원리를 말한다.

2 끈에 달려 아래로 늘어진 물건을 통틀어 이르는 것으로 기둥이 수직으로 세워졌는지를 확인할 때 이용하기도 한다.

모든 선한 일을 행할 능력을 갖추게 하려 함이라."(딤후 3:16–17)는 말씀처럼 사람의 마음을 감동시켜 새로운 삶을 사는 길을 가르쳐 준다.

죄로부터의 해방

성경은 우리에게 바른 삶의 기준을 가르쳐 줄 뿐만 아니라 죄로부터 자유로운 사람이 되도록 인도한다.

성경은 하나님이 세상을 사랑하셔서 예수 그리스도 안에서 모든 사람들을 죄로부터 깨끗하게 하시며, 죄로부터 구원하셨음을 알려 준다.

"그러므로 이제 그리스도 예수 안에 있는 자에게는 결코 정죄함이 없나니, 이는 그리스도 예수 안에 있는 생명의 성령의 법이 죄와 사망의 법에서 너를 해방하였음이라."(롬 8:1–2)

"그런즉 누구든지 그리스도 안에 있으면 새로운 피조물이라. 이전 것은 지나갔으니 보라 새 것이 되었도다."(고후 5:17)

사랑의 기준

성경은 사람다운 삶을 사는 기준이 사랑이라고 알려 주고 있다. 그래서 기독교를 '사랑의 종교'라고 한다.

예수는 "주 너희 하나님을 사랑하고, 또한 네 이웃을 네 자신같이 사랑하라."(눅 10:27)라고 말씀하셨으며, 사도 바울은 사랑의 노래(고전 13:1–13)를 고백하고 있다.

성경은 하나님과 인간의 끝없는 사랑, 사람과 사람 사이의 아름다운 사랑뿐만 아니라 자연과 사람과의 사랑도 말하고 있다.

"형제들아 너희가 자유를 위하여 부르심을 입었으나, 그러나 그 자유로 육체의 기회를 삼지 말고 오직 사랑으로 서로 종노릇하라. 온 율법은 네 이웃 사랑하기를 네 자신 같이 하라 하신 한 말씀에서 이루어졌나니."(갈 5:13-14)

성경은 사람이 사람답게 살도록 인도하는 '안내서', '나침판', '매뉴얼manual(사용 설명서)'인 것이다.

살펴보기

1. 어떤 삶의 기준을 가지고 살고 있는지 기록해 봅시다.

2. 성경 말씀을 우리의 생활 속에서 실천할 수 있는 구체적인 방법들은 무엇인지 살펴봅시다.

3. 자신이 읽은 성경 중에서 가장 감명 받은 부분을 살펴봅시다.

2. 성경을 이해하는 방법

저자

작품을 기록한 저자와 작품의 시대적 배경을 알면 알수록 문학작품을 바르게 이해할 수 있다. 이처럼 성경을 기록한 저자들과 성경이 기록된 삶의 자리Sitz im Leben[1]를 알면 성경을 바르게 읽고 이해하는 데 많은 도움을 받을 수 있다.

히브리인

구약 성경은 히브리어로 기록되었고, 신약 성경은 헬라어(그리스어)로 기록되었다. 그렇지만 성경은 우리들이 알고 있는 이스라엘 민족, 즉 유대인의 조상인 히브리인[2]들에 의해 기록되었다.

1 독일어에서 유래한 용어로서, 시대적 상황과 정황을 말한다.

오늘 우리는 헬라 문화의 영향권에서 살고 있기 때문에, 헬라 문화는 우리에게 친근하고 익숙하다. 그러나 히브리 문화는 우리에게, 특히 헬라 문화에 익숙한 현대인들에게 다소 생소한 문화이다. 그래서 성경을 바르게 읽고 이해하는 일은 결코 쉬운 일이 아니다. 따라서 히브리 문화(특별히 히브리인들의 언어문화)와 히브리인들의 사고思考를 이해하며 구약 성경을 읽으면 성경을 비교적 바르게 이해할 수 있다.

히브리인들은 어떤 사람들이고 어떤 사고를 가지고 있는지 간단하게 살펴보고자 한다.

2.1. 히브리인은 보이지 않는 세계를 눈으로 본다

눈으로

히브리인들은 눈으로 볼 수 없는 사물을 표현할 때 눈으로 볼 수 있고, 손으로 만질 수 있는 구체적인 사물로 표현한다.

구체적이다

유목민 사회에서 양을 치는 목자는 양 떼의 생사와 안전을 보장하는 절대적인 존재이다. 그래서 히브리인들은 하나님을 '나의 목자'(시 23편), '아버지'라고 고백한다. 떠돌아다니며 양 떼를 치는 유목민들이 적과 싸울 때에 필요한 피난처, 산성, 반석, 바위, 방패, 요새 등으로 하나님을 표현하기도 한다.(시 27, 28, 31편 등 참고) 또한 무섭고, 징그럽고,

2 기원전 1000년경 서남아시아의 팔레스타인에 모여 살던 유대인들의 조상들.

잘못하여 물리면 죽을 수도 있는 뱀에서 악마, 마귀의 속성을 보고는 악마, 마귀를 뱀으로 표현하기도 한다.(창 3장 참고)

추상적이다

헬라 문화권에서는 하나님은 '사랑이시다.', '거룩하시다.', '전지전능하시다.'는 식의 추상적인 언어로 표현한다. 히브리인들은 모든 사물을 눈으로 관찰하는 반면, 헬라 문화권에서는 사물을 머리로 관찰한다고 할 수 있다.

히브리인들은 눈으로 볼 수 없는 것을 마치 눈으로 보는 것처럼 말하는 사람들이다. 또한 눈으로 보이는 것을 가지고 보이지 않는 세계를 말하는 사람들이기도 하다.

2.2. 히브리인은 종교에 관심이 높다

질문

성경을 읽으면서 "하나님은 어떻게 아담의 갈비뼈로 하와를 만들었습니까?", "뱀이 어떻게 말을 할 수 있습니까?" 등등 '어떻게(how)?'라는 질문을 많이 한다.

'어떻게(how)?'라는 질문은 방법론을 묻는 과학적 질문이다. 이런 과학적 질문을 하면서 성경을 읽으면 성경에서 결코 답을 찾을 수 없다. 왜냐하면 성경은 과학서적이 아니라 종교서적이기 때문이다.

"왜? 하나님은 인간을 창조하셨습니까?", "왜? 인간은 죽어야 합니까?"

등등 '왜(why)?'라는 질문을 가지고 성경을 읽으면서 목적과 방향을 묻는 질문을 할 때 성경에서 바른 답을 찾을 수 있다.

종교와 과학의 갈등

종교와 과학은 인류의 역사와 더불어서 시작되었다. 흔히 "과학이 발달하면 종교는 없어진다." "종교와 과학은 서로 조화를 이룰 수 없다."는 말을 한다. 이와 같은 이야기는 종교와 과학이 무엇인지 제대로 모르고 하는 이야기이다.

종교와 과학을 한마디로 설명한다면 다음과 같은 말로 요약할 수 있겠다.

어떻게?

과학은 '어떻게(how, 수단, 방법)?'라는 질문을 하게 하며, 과학은 발전하며 변한다. 그래서 지식의 영역이라고 말할 수 있다. 과학의 책은 늘 최신 과학이라고 하며, 그 내용은 항상 변하고 바뀐다.

왜?

종교는 '왜(why, 목적, 목표)?'라는 질문을 유도하며, 종교가 제시하는 삶의 목적과 방향은 변함이 없다. 그래서 지혜의 영역이라고 표현하기도 한다. 성경은 종교서적으로 2,000년 전이나 지금이나 그리고 미래에도 변함이 없을 것이다.

조화

인류 최고의 과학자 아인슈타인Albert Einstein(1879－1955)은 "종교가 없는 과학은 절름발이요, 과학이 없는 종교는 맹인이다."라고 종교와 과학의 관계를 아주 쉽게 설명하였다.

"과학의 시대에 웬 종교이냐?" 또는 "종교만 잘 믿으면 과학은 필요없다."라고 말하는 것에는 문제가 있다. 과학과 종교는 갈등과 적대관계가 아니라 서로 조화調和를 이루어야 한다.

과학의 시대에 종교의 역할이 더 중요하다고 할 수 있다. 변화의 속도가 빠른데 방향이 잘못 잡히면 문제가 더욱 복잡해진다. 왜냐하면 과학이 속도를 나타낸다면 종교는 방향을 제시하기 때문이다. 종교가 과학으로 하여금 바른 역할을 할 수 있도록 인도하고 지도해야 한다.

과학은 끊임없이 발달해서 편리한 생활을 위한 삶의 수단을 제공해주고, 종교는 신神을 믿고 의지하므로 우리 삶의 목적과 목표와 바른 길을 제시해 주는 것이다.

2.3. 히브리인은 내용과 의미를 강조한다

선물

선물을 받으면 선물이 들어 있는 상자에 관심을 가지기보다는 그 상자 안에 들어 있는 내용물(선물)에 더 관심을 가진다.

히브리인들은 문장의 형식이나 구조보다는 그 안에 담겨 있는 내용, 즉 의미와 뜻에 관심을 가지고 표현한다.

내용(의미)을 숨기다

히브리적 언어문화의 중요한 요소 중의 하나는 중요하지 않은 상자와 같은 말과 글 속에 본질을 감추어 표현하고 있다는 점이다.

헬라적 언어문화는 단도직입적으로 핵심核心을 드러내는 문화이다. 그래서 핵심이 분명하지 않은 이야기, 대화, 논설, 강의, 설교는 실패작이 되고 만다. 그러나 히브리적 언어문화에서는 중요한 내용과 의미를 상자와 같은 언어 속에 감추어 전달하는 경향이 있다.

상자(그릇)

구약 성경에는 상자와 같은 언어에 중요한 내용을 감추고 있는 경우가 많다. 에덴동산 이야기, 최초의 인류 이야기, 선악과 이야기, 뱀의 유혹 이야기, 에덴동산에서 쫓겨나는 이야기, 바벨탑 이야기 등등 수많은 이야기들은 하나님의 말씀을 담아 전달하는 상자(그릇)에 불과하다. 히브리인들은 이러한 이야기들 속에 아주 중요한 뜻을 담아 전달하기를 좋아한다. 따라서 중요한 것은 그 속에 담긴 뜻을 캐내는 작업이지 상자(그릇)와 같은 글 자체가 아니다.

내용물

성경에는 설화說話, 이야기, 동화, 시, 역사, 소설, 논설, 우화, 편지, 상징, 비유, 풍자 등등 여러 가지 상자(그릇)에 담겨서 하나님의 말씀(뜻)이 전달되기 때문에, 그 상자를 뜯어내고 내용물(뜻)을 찾고 확인하는 작업이 중요하다.

지식보다 지혜를

성경을 읽을 때 성경에 관한 지식을 익히고 배우기보다는 성경을 통하여 성경 말씀 안에 있는 지혜[3]를 배우고 터득하는 것이 더 중요하다.

2.4. 히브리인은 가치관(개념)이 특이하다

비교급을 사용하지 않는다

히브리인들은 외형적인 것보다 내면적인 것, 본질적인 것에 더 많은 관심을 가지고 있다.

우리는 물건을 외형적으로 다른 것과 비교해서 더 크고, 더 많고, 더 비싸고, 그러면서도 더 희귀하면 좋다(good)고 말한다. 그런데 히브리인들은 다른 것과 비교하여 물건을 이야기하지 않는다.

히브리인은 비교급이나 최상급을 사용하기보다는 같은 말을 반복해서 강조한다.

기능과 역할

'부러워하면 지는 거다.'라는 말이 있는데, 히브리인들은 서로 비교하거나 경쟁시키는 것을 피한다. 그리고 물건의 기능과 역할을 보고 좋고 나쁨을 말하기에 열등감이나 우월감에 사로잡히지 않는다.

3 지혜란 '옳고 그름을 분별하는 능력', '미래를 준비하는 능력'과 '문제를 해결할 수 있는 능력'을 터득하는 것이라 할 수 있다.

좋은 물건과 사람

히브리인들의 개념으로 보면, 비싼 신발이 좋은 신발이 아니다. 발에 맞는 신발이 좋은 신발이다. 또한 비싼 시계, 명품 시계가 좋은 시계가 아니다. 정확한 시계가 좋은 시계이다. 제 기능과 제 역할을 하는 물건이 좋은 물건이다. 사람도 돈을 많이 버는 몸값이 비싼 사람이 좋은 사람이 아니라, 제 역할을 바르게 하는 사람이 좋은 사람이다.

세월호 침몰 사고[4]에서 그 예를 찾아볼 수 있다. 배가 침몰되는 위태로운 상황에 마지막으로 부인과 통화하며 "지금 아이들 구하러 가야 해, 길게 통화 못해. 끊어." 하며 임무를 수행하다가 목숨을 잃은 사무장이 좋은 사무장(세월호의 고 양대홍 사무장)이며 좋은 사람이다. 그리고 배가 침몰하자 4층에서 구명조끼를 구해 3층 학생들에게 건네며, 가슴까지 물이 차올라도 마지막까지 승객을 구조하다가 숨진 승무원이 좋은 승무원(세월호의 고 박지영 승무원)이고 좋은 사람이다.

수학여행 중 배가 침몰하여 방에 물이 차오르자 학생들을 대피시키다가 끝내 목숨을 잃은 선생(세월호, 안산 단원고 2학년 6반 담임 고 남윤철 선생)이 좋은 선생이며 좋은 사람이다. 또한 수학여행 중 배가 침몰하자 급박한 상황 속에서 10여 명의 학생을 구출하며 자신의 제자들을 지키려다가 목숨을 잃은 선생(세월호, 안산 단원고 2학년 9반 담임 고 최혜정 선생)이 좋은 선생이고 좋은 사람이다.

학생은 공부를 잘해야 좋은 학생일 수도 있지만, 수학여행 중 배가

4 세월호 침몰 사고는 2014년 4월 16일(수) 오전 8시 48분경 전라남도 진도군 조도면 부근 해상에서 청해진해운 소속의 인천발 제주행 연안 여객선 세월호가 전복되어 침몰한 사고이다. 2014년 4월 18일에 세월호는 완전히 침몰하였다. 이 사고로 탑승인원 476명 중 295명이 사망하고 9명이 실종되었다.(2014년 11월 4일 현재)

침몰되자 생일을 하루 앞두고도 친구를 구하려고 몸을 던졌다가 숨진 학생이 좋은 학생(세월호, 안산 단원고 2학년 고 정차웅 군)이고 좋은 사람이다.

세상에 필요 없는 사람과 직업은 없다. 모든 사람과 직업은 똑같이 중요하다. 세상의 모든 직업에 종사하는 사람이 정상적으로 활동을 해야 세상이 정상적으로 움직이게 된다. 사람이 맡은 업무와 직업은 각각 다르지만 모두 하나님의 형상을 닮은 사람이 하는 일들이다. 그러기에 모든 사람이 평등하게 대접 받아야 하며 사람과 직업에는 귀천이 있을 수 없다.

하나 더 성경을 바르게 이해하려면 성경과 교리敎理를 분리하여 보아야 한다. 교리는 성경 말씀에 근거하여 만들어졌지만 성경 말씀이라 할 수 없기 때문이다.

이러한 사실을 알고 성경을 읽으면 성경을 바르게 읽는 데 도움이 될 것이다.

살펴보기

1. 성경에 나타나는 상징적인 언어에는 어떤 것들이 있는지 살펴봅시다.

2. 종교와 과학의 관계를 살펴봅시다.

3. '직업에는 귀천이 없다.'라는 말의 뜻을 살펴봅시다.

3. 말씀의 실천

3.1. 읽는 자세

읽는 자세

성경은 세계에서 가장 많이 읽혀지고 있는 책이요, 책 중의 책으로 어느 누구나 성경 한 권쯤은 가지고 있을 만큼 유명한 책이다.

하나님의 말씀인 성경을 읽을 때에는 어떤 태도로 읽느냐가 매우 중요하다. 어떤 사람들은 성경을 하나의 오래된 고전古典[1]으로, 즉 문학 서적이나 역사 서적 정도로 생각하고 읽기도 한다.

물론 성경은 그런 입장에서 읽는다 할지라도 충분한 가치가 있다. 그러나 성경은 신앙의 책이기에 신앙의 눈으로 읽어야 바르게 읽을 수 있

1 예전에 쓰인 작품으로, 시대를 뛰어넘어 변함없이 읽을 만한 가치를 지니는 것들을 통틀어 이르는 말이다.

음을 알아야 한다.

성경을 신앙의 책으로 읽는다는 것은 예수 그리스도를 성경의 중심에 두고 읽는 것을 말한다. 성경을 신앙의 책으로 읽을 때, 살아 계신 하나님을 만날 수 있고, 참된 기쁨과 평안을 경험할 수 있다.

영혼의 양식

사람은 육체뿐만 아니라, 영혼을 가진 존재로 창조되었다. 그러므로 우리가 육신의 양식을 매일 섭취하는 것처럼 영혼의 양식으로 하나님의 말씀인 성경을 매일 읽어야 한다.

영혼이 병들 때, 우리들의 마음은 불안과 근심, 좌절, 분노, 미움, 우울증으로 인하여 고통을 받게 되며, 하나님이 준 아름답고 참다운 사람의 모습을 잃어비리게 되는 것이다.

3.2. 읽는 방법

영혼의 양식인 성경을 아래와 같은 방법으로 읽으면 좋을 것이다.

첫째 : 성경은 눈과 머리와 마음으로 읽어야 한다

마음의 눈과 가슴으로 읽어야 한다. 그러자면 성경을 되풀이하여 읽어야 하고, 성경 말씀이 주는 교훈을 찾을 수 있어야 한다. 가슴을 열고 겸손한 마음으로 읽어야 한다.

성경은 기독교에 대한 개관적인 해설이 아니라 성경을 기록한 사람의 신앙고백이라는 성격을 띠고 있기 때문에 성경이 말하는 것을 청종聽從[2]

해야 한다.

성경으로 하여금 말하게 하고, 마음을 열어 겸허하게 듣는 자세가 필요하다. 성경을 율법으로서가 아니라 복음으로서 읽는 자세이다.

둘째 : 신·구약 성경 전체를 읽어야 한다

성경 전체에 흐르고 있는 주제를 알기 위해서는, 성경의 일부분만을 읽는 것이 아니라, 전체를 읽을 필요가 있다. 그래야 편식을 피하고 골고루 영양분을 섭취하는 것과 같다 하겠다.

성경 66권에는 각 책마다 나름대로의 개성이 있으나 '예수 그리스도를 통한 구원의 예언과 성취'라는 큰 통일성을 가지고 있다. 그러므로 자세하고 구체적인 의미를 파악하지 못한다고 할지라도, 성경을 처음부터 끝까지 통째로 읽어야 한다.

성경의 한 부분만 가지고 전체를 이해하려 할 때 잘못된 견해가 생기기 쉽다. 성경은 단순한 인생 안내서가 아니요, 또한 단순한 사상서思想書도 아니다. 그러기에 오늘날 우리 주변에서 생기는 낱낱의 사건에 대하여 성경의 어느 한 구절에서 직접적인 해답을 얻으려 한다면 성경을 잘못 이해할 수도 있다.

그러므로 성경은 전체적인 흐름 속에서 읽어야 하며, 신·구약 성경 전체를 통째로 읽어야 한다.

2 이르는 말을 듣고 잘 좇음을 말한다.

셋째 : 신뢰할 수 있는 사람의 지도를 받으며 권위 있는 성경 주석을 참고하며 읽어야 한다

홀로 명상하며 기도하는 가운데 영감을 얻으며 성경을 이해하는 것은 매우 귀한 일이다. 그러나 자칫 잘못하면 자기 중심적인 독단과 독선에 빠지기 쉽고, 심지어는 성경의 참뜻에서 멀리 떨어진 이단적인 생각으로 흐를 수도 있다.

그러하기에 목회자와 교사의 지도나 주석이 반드시 필요하다. 성경은 만인의 책이기 때문에 만인에게 공통적이며 보편적인 진리라는 것을 항상 명심하며 읽어야 한다. 결코 편협하고 독선적인 마음을 가지고 읽지 않도록 조심해야 한다.

넷째 : 성경 말씀을 암송暗誦하도록 노력한다

"내 아들아, 내 말을 지키며 내 계명을 간직하라. 내 계명을 지켜 살며 내 법을 네 눈동자처럼 지키라. 이것을 네 손가락에 매며 이것을 네 마음판에 새기라."(잠 7:1–3)는 말씀은 성경 암송[3]이 얼마나 중요한가를 강조하고 있다.

성경 암송은 그 성경구절이 필요한 상황이 생겼을 때, 그 성경 말씀으로 현명한 결정을 할 수 있도록 도와준다.

성경을 읽는 가운데 깨달음을 얻은 말씀을 기록해 두었다가 기억한다면, 성숙한 신앙으로 인도해 줄 것이다.

3 글 따위를 보지 않고 그대로 외워 말하는 것을 말한다.

3.3. 진리의 실천

실천

기독교는 단순히 명상만 하는 종교가 아니고, 또한 이론만을 내세우는 종교가 아니다.

기독교는 성경에 기록된 대로 그 진리를 이해하고, 그대로 생활에서 실천하게 하는 행동하는 종교이다.

야고보서 저자는 "내 형제들아 만일 사람이 믿음이 있노라 하고 행함이 없으면 무슨 유익이 있으리요. 그 믿음이 능히 자기를 구원하겠느냐? 만일 형제나 자매가 헐벗고 일용할 양식이 없는데 너희 중에 누구든지 그에게 이르되 평안히 가라, 덥게 하라, 배부르게 하라 하며 그 몸에 쓸 것을 주지 아니하면 무슨 유익이 있으리요. 이와 같이 행함이 없는 믿음은 그 자체가 죽은 것이라."(약 2:14-17)라고 말하였다.

예수는 어떤 사람이 하늘나라에 들어갈 수 있느냐는 질문에 "하늘에 계신 내 아버지의 뜻대로 행하는 자라야 들어가리라."(마 7:21)라고 대답하셨다.

성경을 바른 자세로 읽고 그 말씀대로 살려고 노력한다면 우리의 삶도 변할 것이다.

아브라함의 순종

'믿음의 조상'이라고 불리는 아브라함은 하나님의 말씀에 순종하여 자신의 아들 이삭을 하나님에게 제물로 바치려고 행동으로 옮겼다.

하나님은 말씀에 순종하는 아브라함을 보고 이스라엘의 조상과 함께 믿음의 조상이 되는 영광을 누리게 하셨다.

하나님은 우리의 '말'이 아닌 '중심'과 '삶 자체'를 보신다.

그러기에 우리들이 그리스도의 제자로서의 삶을 살아가기 위해서는, 하나님의 말씀을 구체적인 생활로 실천하려고 하는 끊임없는 노력이 필요하다.

하나님의 말씀인 성경은 우리의 영혼을 다시 깨어나게 하고 우리를 지혜롭게 한다. 그래서 죄를 알게 하고 그 죄를 회개하게 함으로써 우리의 인격을 변화시켜 새 사람이 되게 하고, 구원에 이르게 한다.

링컨

미국의 16대 대통령 에이브러햄 링컨Abraham Lincoln(1809-1865)이 성경을 통해 어떤 영향을 받게 되었는지 그의 회고담을 살펴보자.

> 어린 링컨이 친어머니로부터 유일하게 물려받은 것은 바로 손때 묻은 성경 한 권이었다. 어머니 낸시는 틈만 나면 통나무 의자에 앉아 성경을 펼치고는 이야기보따리를 풀었다. 아브라함과 이삭과 야곱과 요셉 이야기로 시작해서 노예생활을 하던 이스라엘을 애굽에서 구원해 낸 모세, 용맹스럽던 다니엘의 경험, 유대 임금 다윗의 역사, 욥의 인내, 불 병거를 타고 하늘로 올라간 엘리야의 이야기 등 어머니의 성경 이야기는 끝이 없었다. 링컨은 그때를 회상하며 말하였다. "지금도 어머니가 들려주시던 성경 이야기가 귀에 쟁쟁합니다. 어머니는 나를 성경으로 키워 주셨습니다."

어린 시절 링컨은 가정 형편이 어려워 정식으로 학교 교육을 받는 대신 성경 읽기에 열중하였다. 성경은 링컨의 가장 가까운 친구였다. 링컨의 유일한 교과서는 성경이었고, 유일한 교사는 어머니 낸시였으며, 유일한 교육 내용은 성경 이야기였다. 그는 이렇게 성경을 통해 자신의 미래를 키워 나갔다.

성경의 이러한 능력을 아는 사람은 성경을 가까이하게 될 것이고, 성경의 놀라운 능력을 체험하게 될 것이다.

살펴보기

1. 성경에 대해서 무관심했었다면 그 이유를 살펴봅시다.

2. 성경 말씀 중에서 '좌우명座右銘'과 '가훈家訓'을 만들어 기록해 봅시다.

3. 성경 말씀을 우리의 생활 속에서 실천할 수 있는 구체적인 방법들에 관하여 살펴봅시다.

제3부

창조하시고 인도하시는 하나님

1. 창조하시는 하나님
2. 부르시는 하나님
3. 함께하시는 하나님
4. 인도하시는 하나님

1. 창조하시는 하나님

1.1. 아름다운 세상

천지 창조

하나님이 천지를 창조하시기 전에는 세상에 아무것도 없었다. 오직 어둠과 무질서뿐이었다. 이때 하나님은 아름다운 세상을 만들기로 하셨다.

첫째 날,[1] 하나님께서 "빛이 있으라."라고 하시니 온 세상이 밝아졌는데, 하나님 보시기에 아주 좋았다. 그래서 낮과 밤이 생겼다.

둘째 날, 하나님께서 "물 가운데 궁창이 있어 물과 물로 나눠라." 하시고, "궁창 아래의 물과 궁창 위의 물로 나눠라." 하시니, 궁창(하늘)이

1 창세기 1장에서 말하는 시간의 개념은 지금 우리가 사용하고 있는 시간의 개념과는 차이가 있음을 알아야 한다.

생겨났다. 하늘이 아주 아름다웠다.

셋째 날, 하나님께서 “천하의 물이 한 곳으로 모이고, 뭍이 드러나라.” 하시고, “땅은 풀과 씨 맺는 채소와 각기 종류대로 씨를 가진 열매 맺는 나무를 내라.”라고 하시니, 땅이 생기고 각종 식물들이 생겨났다.

넷째 날, 하나님께서 “하늘의 궁창에 발광체들이 있어 낮과 밤을 나뉘게 하라.” 하시고 또 “그 발광체들이 하늘의 궁창에 있어 땅을 비추라.”라고 하셨다.

하나님은 두 발광체를 만드셔서 큰 발광체(태양)로는 낮을, 작은 발광체(달)로는 밤을 비추게 하셨다. 북두칠성과 은하수도 모두 이때 생긴 것들이다.

다섯째 날, 하나님께서 “물들은 생물을 번성하게 하라. 땅 위 하늘의 궁창에는 새가 날으라.”라고 하셨다. 그래서 각종 물고기들이 종류별로 생겼고, 하늘에는 여러 종류의 새들이 노래하며 날았다.

여섯째 날, 하나님께서 “땅은 생물을 그 종류대로 내되 가축과 기는 것과 땅의 짐승을 종류대로 내라.”라고 말씀하시니 그대로 되었다. 그리고 하나님께서 사람도 만드셨다.

사람을 만드심

하나님은 하나님의 형상대로 흙으로 사람을 만드시고, 사람에게 이 세상 모든 것을 관리하게 하셨다. 특별히 하나님은 세상 만물을 말씀으로 만드셨지만, 사람만큼은 친히 흙으로 만드시고, 생기를 불어넣어 주셨다.

“여호와 하나님이 땅의 흙으로 사람을 지으시고 생기를 그 코에 불어

넣으시니 사람이 생령이 되니라."(창 2:7)

사람을 만물의 영장靈長[2]이라 함은 언어를 사용하거나, 직립直立하거나, 기구器具를 사용할 수 있으며, 사회성이 있기 때문이기도 하지만, 하나님의 형상대로 창조되었기 때문이다.[3]

안식일

하나님도 천지 창조를 모두 마치시고 일곱째 되는 날에는 편히 쉬셨다. 이 날(토요일)을 안식일이라고 한다. 그러나 지금 우리는 주님이 부활하신 날(일요일)을 주일主日(주님의 날)이라고 부르면서 안식일로 지키고 있다.

1.2. 죄를 짓는 사람들

에덴동산

하나님이 만드신 동산을 '에덴동산'이라고 불렀다. 이곳은 정말 아름답고 살기 좋은 곳이었다.

하나님은 이 동산을 처음 사람인 '아담'[4]에게 맡기셨다.

하나님은 아담이 외로워 보여서 아담을 잠들게 한 후 갈비뼈를 취하여 여자를 만드셨다. 이 여자가 '하와'이다.

2 영묘한 능력을 가진 우두머리. 인간을 다른 생물과 구별하여 이르는 말이다.
3 성경의 저자는 '이 세상이 어떻게 만들어졌는가?'에 대한 창조의 기원이나 과정에 대한 관심보다는 하나님의 창조 능력에 더 큰 관심을 가지고 기록하였음을 알아야 한다.
4 히브리어로 '사람'이라는 뜻이 있기도 하다.

선악과

하나님은 아담과 하와에게 에덴동산에 있는 나무의 열매를 다 먹어도 좋으나, 중앙에 있는 선악과善惡果는 먹으면 안 된다고 하셨다. 그 열매를 먹는 날에는 죽는다고 하셨다.

최초의 죄

아담과 하와는 뱀을 통한 사탄의 유혹에 빠져 하나님의 말씀을 어기고 선악과를 먹었다. 그들은 하나님의 말씀을 어기는 죄를 지었다. 아담과 하와가 지은 죄를 원죄原罪라고 한다. 하나님은 그들에게 벌을 내리셨다.

아담은 땀을 흘리며 열심히 일을 해야만 했고, 하와는 아기를 낳을 때 고통을 견디어야 했으며, 뱀은 저주를 받아 배로 기어 다니며 흙을 먹으면서(창3:14) 살게 되었다.

또한 아담과 하와는 에덴동산 밖으로 쫓겨나게 되었다. 하나님은 그들을 불쌍히 여겨서 가죽옷을 지어 입히셨다.

가인과 아벨

그 후 아담과 하와는 첫째 아들 '가인'과 둘째 아들 '아벨'을 낳았다.

농사를 짓는 가인은, 양을 치는 동생 아벨이 하나님의 사랑을 더 많이 받는 것 같아 보여 항상 못마땅하게 생각하였다. 서로 비교하면 열등감 또는 우월감으로 문제가 발생하는 모습을 본다.

결국 가인은 그 미움이 점점 커져 동생 아벨을 죽였다. 가인은 인류 최초의 살인자가 되어 부모로부터 쫓겨났다. 그 후 아담과 하와는 '셋'을 낳았다.

1.3. 노아와 구원하시는 하나님

노아

세월이 흘러 이 땅에는 많은 사람들이 살게 되었다. 그러나 그들은 하나님을 멀리하며 죄를 지으며 생활을 하였기에 하나님의 마음을 아프게 하였다. 그들 중에서 셈, 함, 야벳의 아버지인 '노아'는 하나님의 말씀대로 살며 하나님을 섬기는 의인이었다.

방주

하나님은 아무리 경고를 해도 죄만 짓는 인간들을 물로 멸망시키려 하셨다. 한편, 하나님은 하나님의 말씀에 의지하여 의롭게 사는 노아의 가족을 통해 사람들을 구원하고자 하셨다. 그래서 하나님은 노아에게 커다란 방주方舟(배)를 만들게 하셨다.

사람들이 다 비웃었지만, 노아의 가족들은 하나님의 명령에 따라 방주를 만들었다.

홍수

하나님은 노아의 방주가 완성되자 각종 동물들을 노아의 방주에 타게 하셨다.

하나님은 노아의 가족들과 모든 동물들을 방주에 태운 후에 방주의 문을 닫게 한 후, 이 땅에 큰 홍수가 나게 하셨다.

40일 동안, 하늘에 구멍이 뚫린 것처럼 비가 쏟아졌고, 땅의 샘에서도 물이 치솟았다. 높은 산들까지 모두 물에 잠겼으며, 땅 위의 사람들과 동물들은 모두 죽게 되었다.

무지개

비가 그친 후 땅 위의 물은 마르기 시작하였고, 노아의 방주는 높은 산에 머물렀다. 얼마 후 땅에 물이 빠지고 땅은 마르게 되었다.

노아는 방주에서 내린 후, 가장 먼저 제단을 쌓으며 하나님께 감사의 제사를 드렸다. 하나님은 다시는 물로 세상을 멸망시키지 않겠다고 약속하시며, 노아에게 약속의 표시로 무지개를 보여 주셨다.

인류의 역사는 셈, 함, 야벳의 후손들의 번창으로 다시 시작되었다.

바벨탑

이 땅의 모든 사람들은 바벨탑을 쌓기 전까지만 해도 한 가지 언어를 사용하였기에 서로 소통하는 데 어려움 없이 살았다.

그들은 서로 의논하기를 "벽돌을 만들어 견고히 굽자." 하고, 벽돌로 돌을 대신하며 역청으로 진흙을 대신하고, "성읍과 탑을 건설하여 그

탑 꼭대기를 하늘에 닿게 하여 우리 이름을 내고 온 지면에 흩어짐을 면하자."(창11:3-4)라고 하였다. 그들은 하나님을 의지하는 대신 스스로의 힘을 믿고, 하나님을 멀리하였다.

사방으로 흩어짐

인류는 또다시 죄를 짓기 시작하였다. 이것을 본 하나님은 그들의 말을 서로 다르게 하여 서로 소통하지 못하게 하셨다. 서로 말이 다르게 되다 보니 소통이 되지 않아 결국 탑 쌓기를 중단할 수밖에 없었다.

서로 말이 통하지 않게 되자 그들은 여러 곳으로 흩어져 살게 되었다.

살펴보기

1. 인류 최초의 죄가 어떻게 진행되었는지 살펴봅시다.

2. 노아 시대와 현대의 타락상을 비교하여 봅시다.

3. 인류가 세계로 흩어진 이유를 살펴봅시다.

2. 부르시는 하나님

2.1. 믿음의 조상 아브라함

복의 근원이 된 아브라함

하나님은 많은 사람들 중에서 아브라함을 선택하셨다.

하나님은 아브라함에게 "너는 너의 고향과 친척과 아버지의 집을 떠나 내가 네게 보여 줄 땅으로 가라. 내가 너로 큰 민족을 이루고 네게 복을 주어 네 이름을 창대昌大[1]하게 하리니 너는 복이 될지라."(창 12:1−2)라고 하셨다. 아브라함은 하나님의 말씀에 조건 없이 순종하였다.

그 결과 아브라함은 복의 근원이 되었고, 오늘날까지 믿음의 조상으로 신앙의 본이 되고 있다.

1 세력이 번창하고 왕성하다는 뜻이다.

조카 롯의 선택

아브라함은 조카 롯과 새 출발하였으며, 늘 함께 다녔다. 하지만 양쪽 집안의 양 떼와 재산이 점점 늘어나자 도저히 함께 살 수 없게 되었다.

그래서 아브라함은 조카 롯에게 먼저 좋은 땅을 선택할 기회를 주었다.

가설이기는 하지만, 이때 롯이 아브라함에게 선택권을 다시 넘겨주어 "아닙니다. 삼촌, 말씀은 감사하지만 그럴 수 없습니다. 지금까지 잘 지내오고 재산을 모은 것이 모두 삼촌 덕분입니다. 삼촌께서 비옥한 땅으로 가세요. 저는 젊습니다. 제가 산악지대로 가겠습니다. 제 걱정은 마세요. 젊어서 고생은 사서도 한다는데요." 하며 삼촌 먼저 조카 먼저 하며 서로 양보했더라면 후에 소돔과 고모라는 멸망하지 않았을지도 모르겠다.

롯은 기다렸다는 듯이, 곧바로 자신의 이익을 위해 비옥한 땅을 선택한다. 롯의 이 선택에는 삼촌에 대한 배려나 양보가 없다. 아버지처럼 보호해 주고 사랑해 준 삼촌, 나이 많은 삼촌에게 양보하지도 않고, 진심에서 우러나오는 감사의 말도 하지 않는다. 그러나 놀랍게도 아브라함은 전혀 화를 내지 않는다.

눈앞에 보이는 것을 탐내다가 소탐대실小貪大失[2]하는 롯의 모습이 안타깝다. 그러나 눈에 보이는 세계보다 보이지 않는 세계가 더 값지고 귀하다는 것을 삶을 통해 터득하고 실천하는 아브라함의 대탐소실大貪小失[3]하는 삶의 태도가 부럽기만 하다.(창 13:8-12 참고)

2 작은 것을 탐하다가 큰 것을 잃는 것을 뜻한다.
3 큰 것을 탐내기에 작은 것을 포기하는 것을 뜻한다.

소돔과 고모라

조카 롯은 조금도 주저하지 않고 기름진 땅 소돔과 고모라를 택하였다. 그곳의 땅은 기름지고 좋았으나, 사람들은 하나님을 멀리하고 퇴폐적 향락의 삶을 즐겼다.

하나님은 다른 지역을 선택한 아브라함과 함께하여 주셨다. 하나님은 아브라함에게 "너는 눈을 들어 너 있는 곳에서 북쪽과 남쪽 그리고 동쪽과 서쪽을 바라보라. 보이는 땅을 내가 너와 네 자손에게 주리니 영원히 이르리라."(창 13:14-15)라고 약속하셨다.

소금 기둥이 된 롯의 아내

하나님은 소돔과 고모라의 죄가 너무 심해 그 마을들을 불로 멸망시키고자 하셨다. 그러나 아브라함의 조카 롯의 가족에게는 미리 피할 기회를 주셨다.

롯의 아내는 소돔과 고모라가 불바다가 되었을 때, 과거의 삶은 생각하지 말고 앞을 향해 나아가라며, 절대 뒤를 돌아보지 말라는 하나님의 말씀에 불순종하여, 뒤를 돌아보다가 소금 기둥이 되었다.

이삭의 출생

믿음의 조상 아브라함에게도 큰 걱정이 있었다. 나이가 들어 노인이 되었는데도 아들이 없었다.

하나님은 99세나 된 아브라함에게 아들을 주겠다고 약속하셨다. 보통 사람 같았으면 못 믿었겠지만 아브라함은 이 약속을 믿었다. 아브라함은 믿었기에 100세에 아들을 낳았다.

아들의 이름을 '이삭'이라고 했는데, 그 이름은 '웃음'이라는 뜻이다. 그것은 하나님이 노인이 된 아브라함에게 아들을 주겠다고 하셨을 때, 부인 사라가 이 말을 듣고는 웃었기에 하나님이 지어 주신 이름이었다.

2.2. 순종의 사람 이삭

제물이 된 이삭

하나님의 특별하신 사랑으로 태어난 이삭은 믿음 안에서 자랐다.

이삭이 청년이 되자 하나님은 아브라함의 신앙을 시험하시려고, 아들 이삭을 번제로 바치라고 명령하셨다.

참으로 끔찍한 명령이었다. 번제란, 제물을 통째로 불에 태우는 제사이기 때문이다. 그러나 아브라함은 '하나님의 크신 뜻이 있을 것이다.'라는 확신을 가지고 이삭과 함께 모리아 산[4]으로 향하였다.

이삭의 태도

아버지를 따라가던 이삭은 제물로 사용할 어린 양도 준비하지 않고 제사 드리러 가시는 아버지가 이상하였다. 늘 흠 없고 깨끗한 양을 골라 제사 드렸는데 이번에는 제물로 사용될 양이 보이지 않았다.

4 아브라함이 하나님의 명령으로 아들 이삭을 제물로 바친 장소로서, 아브라함이 살던 브엘세바에서 3일 거리에 있었다.

이삭은 자신이 제물이 되는 것이 아닐까 의심하며 아버지 아브라함에게 물었다. "불과 나무는 있거니와 번제할 어린 양은 어디 있나이까?" "내 아들아, 번제할 어린 양은 하나님이 자기를 위하여 친히 준비하시리라."(창 22:7−8)

이삭은 아버지의 답변을 통해 자신이 제물이 될 수도 있겠구나 생각하고 도망칠 수 있었지만 말없이 순종하며 동행하였다.

이때 아들을 바쳐야 하는 아버지 아브라함의 마음은 어떠했을까? "이제 아들 이삭은 자라서 사람 노릇할 만한 때가 되었는데……"라고 생각하며 아브라함은 속으로 눈물을 흘렸을 것이다. 모든 부모의 심정은 생명을 맞바꿀 수만 있다면, 대신 자신들이 죽고 아들딸들은 살아 있기를 바라는 마음일 터인데, "하나뿐인 내 새끼 살려 주세요."라고 기도하며 이삭과 동행했을 것이다.

하나님은 아브라함과 이삭의 믿음을 함께 시험하려고 하셨던 것이다.

이삭의 순종

아브라함이 이삭을 결박하여 제단에 올려놓고 칼을 들어 찌르려는 순간, "아브라함아, 아브라함아." 하고 부르는 음성이 들렸다.

"그 아이에게 네 손을 대지 말라. 그에게 아무 일도 하지 말라. 네가 네 아들 네 독자까지도 내게 아끼지 아니하였으니 내가 이제야 네가 하나님을 경외하는 줄을 아노라."(창 22:12)

아브라함이 뒤를 돌아보니 뿔이 수풀에 걸려 발버둥 치고 있는 양 한 마리가 보였다.

아브라함과 이삭은 하나님께서 친히 준비해 놓으신 이 양으로 감사의 제사를 드렸다. 그리고 그곳 이름도 '여호와가 준비하신다.'라는 뜻의 '여호와 이레'라고 불렀다.

이처럼 아브라함은 하나님의 약속의 성취를 믿었다. 아브라함은 이 믿음으로 하나님께 인정을 받았다.

이삭의 결혼

이삭이 결혼할 나이가 되었다. 아브라함은 자신의 종을 자신의 고향인 메소포타미아의 나홀에 보내어 신부감을 구해 오도록 하였다. 아브라함의 종이 기도 중에 찾은 신부감은 마음도 예쁜 리브가였다. 이삭은 리브가를 신부로 맞이하면서 아주 기뻐하였다.

2.3. 열정적인 사람 야곱

쌍둥이

이삭과 리브가는 한꺼번에 두 아들을 얻었다. 쌍둥이 형제였다. 형 에서는 털이 많고 강인한 남자다운 자였고, 동생 야곱은 약삭빠른 자였다.[5]

5 에서와 야곱: 에서는 '붉다', 야곱은 '발꿈치를 잡았다'는 뜻의 이름이다.

팥죽 한 그릇 사건

동생으로 태어난 것이 항상 불만이었던 야곱은 하나님의 복을 독차지 하고 싶어 했다.

그러던 어느 날, 야곱은 형 에서가 몹시 배고파할 때 팥죽 한 그릇을 주고는 맏아들의 특권인 '장자의 명분'을 자기의 것으로 만들었다.

이 사건은 하나님이 형 에서를 시험하신 사건이라고 볼 수 있다. 야곱은 장자가 아니지만 끝까지 포기하지 않고 노력하다가, 형 에서가 이 시험에서 실격을 당하니, 장자의 명분을 획득한 경우라고 볼 수 있는 사건이다.

하나님은 장자 명분을 대수롭지 않게 여기는 형 에서보다 열정적인 동생 야곱을 인정하셨던 것이다.

아버지를 속이다

야곱에게 드디어 기회가 찾아왔다. 아버지 이삭이 나이가 많아 눈이 잘 보이지 않게 되고, 힘이 없어지자 큰아들 에서에게 부탁을 하였다. 사냥해서 요리를 해 오면 맛있게 먹고 힘을 얻어, 하나님이 약속하신 축복을 에서에게 해 주겠다고 하였다.

형 에서가 사냥을 나간 사이 야곱은 어머니의 도움으로 염소를 잡아, 맛있게 요리를 해서 아버지 이삭에게 드렸다. 이삭은 야곱을 에서로 착각하고 야곱에게 모든 축복을 해 주었다.

야곱의 피신

이 일로 인해 형 에서는 동생 야곱을 죽이려고 하였다. 그래서 야곱은 형의 노여움을 피해 외삼촌 라반의 집으로 피신의 길을 떠났다.

벧엘

고향 집을 떠나는 야곱의 발걸음은 외롭고 쓸쓸하였다. 루스라는 곳에 도착한 야곱은 돌을 베개 삼아 누웠다. 그 때 놀라운 일이 일어났다. 하늘 문이 열리고, 하나님의 사자가 사다리를 오르내리는 것이 보이며, 하나님의 말씀도 들렸다.

"내가 너와 함께 있어 네가 어디로 가든지 너를 지키며 너를 이끌어 이 땅으로 돌아오게 할지라. 내가 네게 허락한 것을 다 이루기까지 너를 떠나지 아니하리라."(창 28:15)

너무 기쁜 야곱은 아침 일찍 일어나 제단을 쌓고 하나님께 감사의 제사를 드렸다. 그곳 이름도 '벧엘(하나님의 집)'이라고 고쳐 불렀다.

하란에서의 20년 생활

야곱은 20년 동안 외삼촌 라반의 집에 살면서 신앙적으로도 더욱 성숙하여졌다. 야곱은 결혼도 하여 많은 자녀도 두었고 재산도 모으며 행복한 가정을 이루었다.

야곱은 사랑하는 라헬을 아내로 맞이하기 위하여 무려 14년간이나 무임금 노동을 할 정도로 열정적이었다.

이스라엘

야곱은 점점 나이가 들면서 고향이 그리워졌다. 야곱은 고향으로 돌아가기로 마음을 정했지만, 형 에서가 무서웠다. 왜냐하면 자신의 잘못이 떠올랐기 때문이다.

야곱은 얍복 강에 도착하여 하나님께 기도하는 중 천사와 씨름을 하게 되었다. 과거의 죄를 용서해 주실 것과 축복해 주실 것을 간구하였다. 엉덩이뼈가 어긋나고 절뚝거리기까지 했으나 끝까지 기도하였다.

결국 야곱의 끈기에 천사는, "네 이름을 다시는 야곱이라 부를 것이 아니요, 이스라엘이라 부를 것이니 이는 네가 하나님과 및 사람들과 겨루어 이겼음이니라."(창 32:28)라고 축복해 주었다.

약삭빠른 '야곱'에서, 하나님과 겨루어 이겼다는 뜻의 '이스라엘'로 이름이 바뀐 것이었다. 이름뿐만이 아니라 성격도 생활도 모두 바뀌었다.

약삭빠르고 부족하지만 열정적이었던 '야곱'은 바로 우리 자신의 모습이기도 하다. 야곱이 축복을 받을 수 있었던 것처럼, 부족한 우리도 하나님의 축복을 받을 수 있음을 보여주고 있다.

살펴보기

1. 아브라함이 이삭을 제물로 바치는 순간의 아브라함과 이삭의 심정을 살펴봅시다.

2. '소금 기둥이 된 롯의 아내' 이야기에서 얻을 수 있는 교훈을 살펴봅시다.

3. 에서와 야곱의 관계에서 얻을 수 있는 교훈을 살펴봅시다.

3. 함께하시는 하나님

3.1. 꿈의 사람 요셉

요셉

요셉은 야곱의 12아들[1] 중 11번째 아들로 태어났다. 특별히 야곱은 사랑하는 아내 라헬에게서 낳은 요셉을 더욱 사랑하며 좋은 옷을 입히며 키웠다.

꿈이 있는 소년

요셉은 특별한 꿈을 꾸며 자랐기에 형들로부터 미움을 받기도 하였다.

1 르우벤, 시므온, 레위, 유다, 단, 납달리, 갓, 아셀, 잇사갈, 스블론, 요셉, 베냐민으로, 이들에게서 이스라엘의 열두 지파가 나왔다.

요셉이 형들에게 꿈 이야기를 하였다.

"내가 꾼 꿈을 들으시오. 우리가 밭에서 곡식 단을 묶더니 내 단은 일어서고 당신들의 단은 내 단을 둘러서서 절하더이다."(창 37:6-7)

요셉이 다시 꿈을 꾸고 형들에게 이야기하였다.

"내가 또 꿈을 꾼즉 해와 달과 열한 별이 내게 절하더이다."(창 37:9)

요셉은 이러한 꿈들 때문에 형들로부터 '꿈꾸는 자', '꿈쟁이'라는 별명까지 얻게 된다.

요셉의 꿈은 하나님의 놀라운 계획이 깃들어 있는 꿈이었다. 아버지 야곱은 그 꿈을 마음에 간직하고 있었다.

3.2. 믿음의 사람 요셉

팔려 가는 요셉

형들은 동생 요셉을 노예로 팔아 버린다. 요셉은 애굽 왕의 시위 대장인 보디발의 노예가 된다.

요셉은 보디발의 집에서도 하나님을 의지하며 성실히 일하였기 때문에 보디발의 전 재산을 관리하는 임무를 맡게 된다.

그 후 요셉은 하나님 앞에서 죄를 지을 수 없다며 보디발 부인의 유혹을 거절하다가, 안타깝게도 보디발의 부인을 유혹하였다는 억울한 누명을 쓰고 감옥에 갇히게 된다. 하지만 믿음으로 묵묵히 시련을 이겨낸다.

어려움을 당하면 때로는 삶의 의미를 잃고, 방황하기도 하고, 불안에 떨거나 의심하기도 한다. 그러나 삶의 목표가 분명한 요셉은 결코 환경에 흔들리지 않았다.

함께 갇힌 관원장들

요셉이 옥에 갇혀 있을 때에, 왕의 술을 담당하던 관원장과 왕의 떡을 담당하던 관원장이 죄를 짓고 감옥에 들어왔다.

하루는 두 사람 모두 꿈을 꾸었다. 요셉은 하나님의 도우심으로 그들의 꿈을 해몽解夢[2]해 주었다.

왕의 술을 담당하던 관원장에게, "지금부터 사흘 안에 바로가 당신의 머리를 들고 당신의 전직前職을 회복시키리니, 당신이 그 전에 술 맡은 자가 되었을 때에 하던 것같이 바로의 잔을 그의 손에 드리게 되리이다. 당신이 잘 되시거든 나를 생각하고 내게 은혜를 베풀어서 내 사정을 바로에게 아뢰어 이 집에서 나를 건져 주소서."(창 40:13-14)라고 부탁하였다.

요셉의 해몽은 그대로 이루어져 왕의 술을 담당하던 관원장은 복직이 되었다. 그러나 이 관원장은 무심하게도 요셉과의 약속을 까맣게 잊어버리고 있었다.

애굽 왕의 꿈

애굽 왕 바로가 이상한 꿈을 꾸었다. 애굽에서 유명하다는 박사들도 도무지 애굽 왕 바로의 꿈을 해몽하지 못하고 있었다. 이때 왕의 술을 맡은 관원장이 요셉을 기억하고 바로에게 요셉의 이야기를 하며, 왕의 꿈 해몽자로 요셉을 추천하였다. 요셉과 바로의 만남은 이렇게 시작되었다.

2 꿈을 해석하여 주는 일.

3.3. 승리한 사람 요셉

애굽 왕 바로의 꿈

애굽 왕 바로는 다음과 같은 꿈을 꾸었다.

"나일 강 가에 서 있는데, 보니 아름답고 살진 일곱 암소가 강 가에서 올라와 갈밭에서 뜯어먹고, 그 뒤에 또 흉하고 파리한 다른 일곱 암소가 나일 강 가에서 올라와 그 소와 함께 나일 강 가에 서 있더니, 그 흉하고 파리한 소가 그 아름답고 살진 일곱 소를 먹은지라 바로가 곧 깨었다가, 다시 잠이 들어 꿈을 꾸니 한 줄기에 무성하고 충실한 일곱 이삭이 나오고, 그 후에 또 가늘고 동풍에 마른 일곱 이삭이 나오더니, 그 가는 일곱 이삭이 무성하고 충실한 일곱 이삭을 삼킨지라."(창 41:1-6)

해몽하는 요셉

요셉은 하나님의 도우심으로 꿈의 뜻을 알게 되었고 바로에게 꿈을 해몽해 주었다.

"온 애굽 땅에 일곱 해 큰 풍년이 있겠고, 후에 일곱 해 흉년이 들겠습니다."(창 41:29-30)

"그럼 어떻게 하면 좋겠는가?"

"앞으로 7년간 큰 풍년이 올 때, 창고를 크게 짓고 매년 곡식을 넉넉히 쌓아 두십시오. 그리고 7년 뒤에 흉년이 오면 그때 조금씩 아껴서 나누어 주면 굶주림은 면할 수 있을 것입니다. 하나님이 왕에게 이 일을 미리 보여 주신 것입니다."(창 41;31-36)

애굽의 총리가 된 요셉

바로가 크게 감동하여, "과연 옳도다! 이토록 하나님의 영에 감동된 사람을 우리가 어찌 찾을 수 있으리요."(창 41:38) 하면서 계속해서 "내가 너로 애굽 온 땅을 다스리는 총리가 되게 하리라." 하고 자기의 인장 반지를 빼어 요셉의 손에 끼워 주며 온 애굽을 다스리게 하였다.

오직 믿음으로 꿈을 키워 온 요셉은 하나님의 계획 아래 당시 세계에서 최대 강국인 애굽의 국무총리가 되어 기근으로부터 많은 사람들의 생명을 구하는 일을 담당하게 되었다.

애굽에 온 형제들

과연 7년간은 큰 풍년이 들었으나, 그 이후 아주 심한 흉년과 기근의 연속이었다. 흉년이 계속되었으나 애굽에는 먹을 양식이 부족하지 않았다.

한편 가나안 땅에 살고 있던 요셉의 부모와 형제들은 굶주림으로 인하여 요셉의 형들이 애굽으로 곡식을 사러 오게 되었다.

곡식을 구입하기 위해 애굽의 국무총리 요셉 앞에 무릎을 꿇고 절하는 형들을 본 요셉은 형들의 곡식 단이 요셉의 곡식 단에게 절하던 꿈이 생각났다.

요셉, 형들을 용서하다

요셉은 형들을 보자 고향을 떠난 후 태어났다는 동생 베냐민이 보고 싶었다. 요셉은 형들을 정탐꾼으로 몰아 놓고는, 동생 베냐민을 데려오면 정탐꾼 혐의를 풀어 주겠다고 하였다. 그리고 형 시므온을 잡아 두고, 나머지 형들에게는 곡식을 넉넉히 주어 고향으로 보냈다.

형들이 베냐민을 데리고 왔을 때에야 요셉은 자신의 신분을 밝히면서 두려워 떠는 형들에게 이렇게 말한다.

"당신들이 나를 이곳에 팔았다고 해서 근심하지 마소서. 한탄하지 마소서. 하나님이 생명을 구원하시려고 나를 당신들보다 먼저 보내셨나이다."(창 45:5)라고 말하며 형들을 위로하였다.

그리고 이렇게 부탁하였다. "형님들은 빨리 아버지께 가서 이 소식을 전하고, 아버지를 모셔 오십시오."

요셉, 아버지와 만나다

이 소식을 들은 애굽 왕 바로는 요셉의 온 가족이 다 애굽으로 와서 살도록 허락하였다.

"너희 아버지와 너희 가족을 이끌고 내게로 오라. 내가 너희에게 애굽의 좋은 땅을 주리니. 너희가 나라의 기름진 것을 먹으리라."(창 45:18)

사랑하는 아들 요셉의 소식을 들은 야곱은 온 가족을 이끌고 애굽으로 들어갔다.

신앙의 대물림

창세기 12장-50장에는 이스라엘 민족의 믿음의 조상인 아브라함, 이삭, 야곱(이스라엘), 요셉의 이야기가 있다.

이 이야기들은 무엇을 말하려고 하는 것일까?

"나는 네 조상의 하나님이니 아브라함의 하나님, 이삭의 하나님, 야곱의 하나님이니라."(출 3:6)에서 그 답을 찾을 수 있다.

모세를 부르시고, 이스라엘을 출애굽하게 하시고, 하나님 사랑과 이웃 사랑의 율법으로 계약을 맺어 주시고, 복의 근원이 되게 하시는 하나님 신앙을 대물림하는 이스라엘 민족은 대단한 민족이다.

살펴보기

1. 자신의 꿈이 무엇인지 이야기해 봅시다.

2. 요셉의 일생에서 어떤 장면이 가장 감명 깊은 장면인지 살펴봅시다.

3. 꿈을 성취하기 위해서 어떻게 해야 하는지 살펴봅시다.

4. 인도하시는 하나님

4.1. 모세의 부르심

노예가 된 이스라엘 민족

이스라엘 민족이 요셉으로 인하여 애굽 땅에서 살게 되었다.

요셉을 알지 못하는 자가 새 왕이 되었다. 그는 이스라엘 민족이 날로 번성하는 것을 보고 못마땅하게 여겼다. 애굽에 위협이 될 수도 있기 때문이었다. 애굽의 새 왕은 이스라엘 민족을 노예로 삼고, 벽돌을 굽게 하며, 강제 노역을 시키며, 여러 가지 고된 일로 그들을 혹사시키며 괴롭혔다.

이스라엘 민족의 이런 노예의 삶이 400여 년간 지속되었다.

모세의 출생

이스라엘 사람들에게 가장 가혹한 일 중의 하나는 이스라엘 민족의 인구 증가를 막기 위해 남자 아이가 태어나면 모두 죽이게 하고, 여자 아이만 살려 두어 노예로 삼게 하는 일이었다.

모세[1]가 바로 이러한 때에 태어났다. 그의 부모는 3개월 동안이나 아기를 몰래 키웠다. 3개월이 지나자 더 이상 아기를 숨겨 키울 수가 없었다.

할 수 없이 모세의 어머니는 갈대 상자를 만들어 역청[2]과 나무 진으로 상자에 물이 스며들지 않게 하고, 그 상자에 아기를 담아 나일 강에 띄웠다. 마침 그때 목욕하러 나일 강에 나왔던 애굽의 공주가 그 상자 속에 있는 아기를 발견하고 자신의 양자로 삼았다.

그 광경을 숨어서 보고 있던 아기의 누나인 미리암이 아기의 친어머니를 유모로 소개하였다. 아기를 물에서 건졌다 하여 '모세(물에서 건졌다)'로 이름을 지었다.

모세의 성장

모세는 친어머니의 품에서 젖을 먹으며 자랐으며, 젖을 뗀 후 애굽 왕궁에서 성장하였다. 친어머니의 젖을 먹으면서 신앙교육을 철저히 받으며 자랐을 모세는 이스라엘 민족을 사랑하는 마음을 품고 있었을

1 이스라엘 백성을 애굽 노예 생활에서부터 구출하여 약속의 땅 가나안으로 인도한 종교 지도자이며, 정치가. 레위 족속 아므람과 요게벳의 아들이다.

2 천연 석유 정제과정에서 자연적으로 나오는 파생물로서, 메소포타미아와 팔레스타인에서는 그대로 사용할 수 있는 상태로 발견되었다.

것이다.

미디안으로 피하다

모세가 40세가 되던 때에 애굽 사람이 이스라엘 사람을 학대하는 것을 보고 화가 나서 애굽 사람을 죽였다. 이 일로 인하여 살인자로 수배가 된 모세는 미디안Median[3]으로 피신하였다. 그곳에서 모세는 결혼도 하였고 약 40년 동안 양을 치면서 지도자로서 수련을 쌓았다.

모세를 부르시다

하나님은 미디안에서 생활하고 있는 모세를 부르셨다. "하나님이 떨기나무 가운데서 그를 불러 이르시되, 모세야, 모세야 하시매 그가 이르되, 내가 여기 있나이다."(출 3:4)

하나님은 계속해서 모세에게, "이제 내가 너를 바로에게 보내어 너에게 내 백성 이스라엘 자손을 애굽에서 인도하여 내게 하리라."(출 3:10) 라고 말씀하셨다.

모세로 하여금 출애굽을 인도하도록 40년을 일하게 하기 위하여, 애굽 궁정에서 40년, 미디안 광야에서 40년을 준비하게 하신 하나님의 섭리와 계획에 놀라지 않을 수 없다.

3 아라비아 반도 북서부 지역으로 미디안 족속의 땅이다.

열 가지 재앙

모세는 형 아론과 함께 애굽 왕 바로에게 갔다. 바로에게 이스라엘 민족의 해방을 요구했으나 왕은 들어주지 않았다. 모세는 하나님의 권능을 보여 줄 수밖에 없었다.

이것이 유명한 열 가지 기적(재앙)이다. 모든 물이 피로 변하는가 하면, 온 천지에 개구리가 날뛰기도 하였으며, 3일간이나 암흑세계가 되기도 하였으나, 바로의 마음은 더욱 악해지기만 하였다.

마지막으로 애굽 사람의 맏아들은 물론 짐승들까지도 첫 새끼는 모두 죽게 되는 '장자의 죽음'이라는 재앙이 내려졌다.

열 가지 재앙 순서
피 ⇨ 개구리 ⇨ 이 ⇨ 파리 ⇨ 온역 ⇨ 독종 ⇨ 우박 ⇨ 메뚜기 ⇨ 3일간의 암흑 ⇨ 장자의 죽음

유월절

한편 '장자의 죽음'의 재앙이 내려지자, 하나님의 지시에 따라 이스라엘 백성들은 양을 잡아 그 피를 집 문설주에 발랐다. 그날 밤 죽음의 사자가 문설주에 피가 묻어 있는 집의 맏아들은 죽이지 않고 넘어갔다. 이 날 이스라엘 백성들이 애굽에서 해방되었다. 그래서 이스라엘 사람들은 이날을 유월절逾越節, Passover[4] 축일로 지키고 있다.

4 유대인 최대의 명절이다. 우리나라의 광복절에 해당하는 명절이다.

애굽 탈출

애굽 왕 바로는 그 마지막 재앙으로 아들을 잃고 나서야 두려워하며 이스라엘 민족의 해방을 허락하였다.

장정만 60만 명이 넘는 이스라엘 민족의 대이동이 이루어졌다. 모세를 선두로 이스라엘 백성들은 하나님이 약속하신 '젖과 꿀이 흐르는 땅' 가나안[5]으로 가기 시작하였다.

4.2. 바다를 육지처럼

추격

이스라엘 민족을 모두 보내 준 애굽 왕 바로는 후회가 되었다. 힘든 일을 해 줄 노예가 없어졌기 때문이었다. 그는 즉시 군대를 동원해서 이스라엘 민족을 다시 잡아 오도록 명령하였다.

홍해를 육지처럼

한편 가나안으로 나아가던 이스라엘 민족은 홍해[6]에 이르러 길이 막혔다. 뒤에서는 애굽 왕 바로의 군사가 기세가 등등하게 쫓아오고 있었다. 바다에 빠져 죽느냐, 아니면 애굽으로 다시 잡혀가 노예가 되느냐

5 하나님이 이스라엘 민족에게 주신 약속의 땅을 말한다. 노아의 손자 가나안의 후손들인 히위, 아모리, 가나안, 헷, 브리스, 여부스, 기르가스 일곱 족속이 살고 있었다.

6 이스라엘 백성의 출애굽 당시 하나님의 기적으로 바닷물이 갈라져 건넜던 바다이다. 아시아와 아프리카 사이에 있는 좁은 바다로 성경에 있어서의 홍해는 현재의 수에즈만 지역에 해당된다 하겠다.

하는 막다른 상황이었다.

하나님은 모세에게 지팡이를 들고 손을 바다 위로 내밀게 하셨다. 그러자 거센 바람이 불어 바다 물이 갈라지며 땅이 드러났다. 이스라엘 민족은 바다를 육지처럼 건널 수 있게 되었다.

이스라엘 민족이 바다를 다 건넌 후, 애굽의 군대가 바다 한가운데까지 들어왔을 때, 바닷물이 다시 합쳐져 그들을 덮쳤기에, 애굽의 군대는 모두 물에 빠져 전멸全滅하였다.

여호수아와 갈렙

민수기에 가나안을 정탐하고 돌아온 12명의 정탐꾼 이야기가 나온다. 이들 중, 10명은 매우 부정적인 보고를 한다. 이 보고는 한 사람이 아닌 12명이 공통으로 본 것들이었다. 10명은 보고, 듣고, 느낀 사실을 부정적으로 보고하였다.

부정적인 보고를 받아들였던 애굽에서 출애굽을 한 이스라엘 백성들은 모두가 약속의 땅 가나안 땅에 들어가기 전에 광야에서 다 죽었다.

그러나 여호수아와 갈렙, 이 두 사람은 객관적이고 과학적인 사실의 눈이 아닌 전혀 다른 눈으로 현실을 보았다. 그들은 믿음의 눈과 긍정적이고 자신감이 넘치는 자세로 문제 해결의 방법을 내놓고 있다. 똑같은 상황을 보고 왔지만 그들의 보고는 180도 다른 편에 서 있었던 것이다.

믿음의 눈으로 긍정적인 생각을 한 여호수아와 갈렙은 이스라엘 민족의 지도자가 되어 광야에서 태어난 이스라엘 백성들과 함께 가나안 땅에 들어갔다.

똑같은 것을 보았는데 왜 다르게 판단하고 생각할까? 이 차이는 바로 생각의 차이였다. 생각의 차이는 결과의 차이로 나타난다.

광야 40년

이스라엘 민족은 가나안 땅에 들어가기까지 40년 동안 광야에서 헤매며 많은 어려움을 겪게 된다.

그때마다 하나님은 그들을 도와주셨다. 물이 써서 마시지 못할 때에는 좋은 물로 만들어 주셨고, 먹을 물이 없어 갈증으로 허덕일 때에는 바위에서 물이 쏟아져 나오게 하여 목마름을 해결해 주었으며, 먹을 식량이 없어 굶주리게 되었을 때에는 만나[7]와 메추라기를 내려 주어 일용할 양식을 해결해 주셨다.

십계명

출애굽 과정에서 특별히 기억할 일은 하나님이 이스라엘 민족에게 십계명을 주신 일이다.

그들이 시내 산[8]에 도착했을 때, 하나님은 모세를 시내 산에 오르게 하셔서 십계명을 주셨다.

십계명은 다음과 같다.(출 20:1−17)

> 하나님이 이 모든 말씀으로 말씀하여 이르시되 나는 너를 애굽 땅, 종

7 이스라엘 백성이 출애굽 후 광야에서 일용할 양식으로 공급받은 특별한 식량이다.
8 미디안 지역에 있는 산으로 호렙 산이라고도 한다. 성경 여러 곳에서 두 명칭이 동일한 말로 사용되었다. 모세는 이 산에서 불붙은 떨기나무를 보았고 하나님을 만났으며 십계명을 받기도 하였다.

되었던 집에서 인도하여 낸 네 하나님 여호와니라.

① 너는 나 외에는 다른 신들을 네게 두지 말라.

② 너를 위하여 새긴 우상을 만들지 말고, 그것들에게 절하지 말며, 그것들을 섬기지 말라.

③ 너는 너의 하나님 여호와의 이름을 망령되게 부르지 말라.

④ 안식일을 기억하여 거룩하게 지키라.

⑤ 네 부모를 공경하라.

⑥ 살인하지 말라.

⑦ 간음하지 말라.

⑧ 도적질하지 말라.

⑨ 네 이웃에게 대하여 거짓 증거하지 말라.

⑩ 네 이웃의 것을 탐내지 말라.

십계명 중 제4계명 "안식일을 기억하여 거룩하게 지키라."와 제5계명 "네 부모를 공경하라."에서 '하라'고 하며 특별히 강조하고 있다.

쉐마

"이스라엘아 들으라. 우리 하나님 여호와는 오직 유일한 여호와이시니, 너는 마음을 다하고 뜻을 다하고 힘을 다하여 네 하나님 여호와를 사랑하라."(신 6:4–5)

본문이 히브리어 '쉐마(들으라)'로 시작되어 있어서 '쉐마'라고 부르는 구절이다. 여호와께 대한 사랑과 계명을 항상 기억하며, 이를 자손에게 가르칠 것을 말한다.(신 6:4–9)

이는 사람의 최우선적 의무가 율법을 청종聽從[9]하여 하나님을 기쁘시게 해드리는 데 있음을 나타낸다. 지금도 유대인들은 '쉐마'를 아침, 저녁으로 암송하며 생활한다.

금지하는 음식(동물)

성경에는 너희에게 부정不淨[10]하니 먹지 말라 금지한 음식(동물)이 있으니 다음과 같다.

① 새김질을 하지 않고 발굽이 갈라지지 않은 모든 짐승.(신 14:7)

② 지느러미와 비늘이 없는 모든 물고기와 물에 사는 어족.(신 14:9)

③ 썩은 고기를 먹고 사는 모든 새 종류.(레 11:13-20)

④ 거의 모든 기어 다니는 것들.(레 11:21-27)

위의 조건에 의하면 돼지, 다람쥐, 토끼, 타조, 장어, 게, 소개, 새우, 오징어, 뱀 등등은 깨끗하지 못하니 먹지 말라 한다.

성경에서 금지한 음식들이 정력제精力劑[11]로 주목 받기도 하지만, 과학과 식품 영양학이 발전되면서 이러한 것들에는 건강에 해로운 나쁜 콜레스테롤이 많이 포함되어 있음이 밝혀지고 있다.

세칭 정력제는 건강식健康食과는 다르다. 성경에서 말하는 부정한 음

9 이르는 말을 듣고 잘 좇는 것을 뜻한다.

10 본래 종교적인 관념의 하나로 신성한 것 혹은 청정한 것에 반대되는 것을 이르는 말. 출산, 장례, 화재, 월경, 가축의 죽음이 거기에 해당한다.

11 심신의 활력을 돋우어 주는 약 또는 남자의 성적 능력을 돋우어 주는 약을 말하나 주로 남자의 성적 능력을 돋우어 주는 약을 말한다.

식은 건강식품이 아닌 것만은 분명하다.

지금처럼 과학이 발달되지 않은 고대사회에서 건강식이 무엇인지를 알았다는 것은 대단한 삶의 지혜이다.(레 11:1-47, 신 14:3-21 참고)

4.3. 여리고 성의 무너짐

여호수아

모세는 나이가 많아지자 자신의 뒤를 이어 이스라엘 백성을 이끌 후계자로 여호수아를 임명하였다.

여호수아[12]는 모세의 뒤를 이어 이스라엘 민족을 가나안 땅으로 인도한 사람이다. 모세와 함께하셨던 하나님은 여호수아와도 함께하셨다.

라합

여호수아는 여리고[13] 성의 점령을 위해 두 정탐꾼을 보냈다. 그들은 여리고 성의 기생 라합[14]의 도움으로 무사히 정탐을 마치고 돌아올 수 있었다.

라합은 이스라엘 한 지파의 두령이었던 살몬과 결혼하였다. 살몬은 라합에게서 보아스를 낳고 보아스는 룻에게서 오벳을 낳았다. 오벳은 이새를 낳고 이새는 다윗을 낳았다. 라합은 다윗 왕의 고조할머니가 되

12 에브라임 지파 눈의 아들로 모세의 수종자 및 이스라엘 군대 장관이다. 모세의 후계자로 이스라엘 백성을 가나안 땅으로 이끄는 지도자가 되었다.

13 요단 골짜기 남단에 있는 오아시스 지역으로, 큰 도시였다.

14 여리고에 살았던 가나안 사람으로, 여호수아가 보낸 정탐꾼을 숨겨 주었다. 여리고가 함락될 때, 그의 가족은 구원을 받았다.(수 6:17)

었다.(마 1:5 참고)

하루에 한 바퀴씩

여리고 성을 살피고 온 정탐꾼의 보고를 받은 여호수아는 하나님께 기도하였다. 이스라엘 민족이 쳐들어온다는 소식에 여리고의 왕은 성문을 굳게 닫고 꼼짝하지 않았다.

하늘에서 내려오던 만나도 그쳤다. 이제는 이스라엘 민족은 여리고 성을 점령해야만 하였다. 여호수아는 하나님에게서 묘한 작전지시를 받았다.

여리고 성의 함락

그들은 하나님의 명령에 따라 6일간 매일 여리고 성을 한 바퀴씩 돌았다. 일곱째 되는 날에는 성을 일곱 바퀴 돌며 백성들이 일제히 소리치자 여리고 성은 무너졌다.(수 6:4–5 참고)

여리고 성은 이스라엘에게는 난공불락難攻不落이었다. 그러나 하나님의 말씀대로 행하니 성벽이 무너져 내렸다.

이스라엘 민족은 철저한 심리전으로 승리하였다. 이스라엘 민족은 여리고 성을 점령하고 '젖과 꿀이 흐르는 땅',[15] '약속의 땅'인 가나안 땅에 들어가 정착하게 되었다.

15 기름지고 좋은 땅, 즉 옥토를 가리키는 말이다.

살펴보기

1. 십계명의 내용을 크게 두 가지로 요약하여 봅시다.

2. 지도자에게 가장 중요한 것이 무엇인지 살펴봅시다.

3. 여리고 성이 어떻게 무너졌는지, 그 과정을 살펴봅시다.

제4부

역사를 주관하시는 하나님

1. 사사들을 세우신 하나님
2. 왕국을 세우신 하나님
3. 왕국의 분열

1. 사사들을 세우신 하나님

1.1. 특공대장 기드온

사사들

지도자 여호수아가 죽자 가나안 땅에 정착해서 살게 된 이스라엘 민족은 방황하기 시작하였다. 그래서 가나안 원주민들이 섬기는 우상들을 섬기기도 하였고, 다른 부족의 침략을 받기도 하였다.

이때에 하나님의 부르심을 받고 이스라엘 민족의 지도자로 나타난 사람이 바로 사사士師[1]들이었다. 그들은 외부의 침략으로부터 이스라엘 민족을 지키고, 그들을 하나님께 바르게 인도하는 사람들이었다.

사사기에 기록된 사사들 중 옷니엘, 에훗, 드보라, 기드온, 입다, 삼손

1 법관으로 재판을 집행하며 전쟁이 일어나면 전투 지도자로, 평화로울 때에는 통치 책임자의 역할을 감당하였다.

을 대사사大士師로 삼갈, 돌라, 야일, 입산, 엘론, 압돈을 소사사小士師로 분류하기도 한다. 사무엘은 사사기에는 나오지 않으나 마지막 사사로 인정되고 있다.(삼상 7:15)

기드온

하나님은 이스라엘 민족이 하나님을 배반하고 하나님의 말씀을 거역하므로 미디안을 통해 이스라엘 민족을 벌하셨다. 7년 동안 미디안 사람들에게 고통을 당한 이스라엘 민족은 하나님께 회개하였다.

이때 하나님이 이스라엘 민족을 구원해 주시기 위해 선택한 사람이 바로 기드온[2]이다.

하나님은 기드온에게 미디안 군대를 무찌를 것을 명령하시면서 함께 해 주시겠다고 하셨다. 기드온은 하나님의 말씀에 용기를 얻고 믿음으로 싸울 것을 결심한다.

기드온이 먼저 한 일은 우상인 바알을 모두 부숴 버리고, 나무로 만든 아세라 신상을 도끼로 모두 찍어 버리는 일이었다.

300명의 특공대

기드온은 미디안과 싸울 군사를 모집하였다. 그러자 무려 32,000명이나 몰려왔다.

하나님은 내가 너희를 도와 싸워 이길 터인데, 군사의 수가 아주 많아

2 므낫세 지파 요아스의 아들로, 팔레스타인 중심부를 지배하던 미디안 족속의 위협으로부터 이스라엘을 구원한 사사이다.

우리 힘으로 싸워 이겼다고 할 것이니 전쟁에 마음이 없는 사람은 돌려보내라고 하셨다. 그래서 기드온은 조금이라도 전쟁이 겁이 나는 사람은 집으로 돌아가라고 하였다. 그러자 집으로 돌아간 자가 22,000명이요, 남은 자가 10,000명이었다.

하나님은 아직 병사가 많다고 말씀하셨다. 기드온은 훈련 후 병사들을 시냇가로 인도하여 물을 마시게 하였다. 물을 먹는 모습이 가지각색이었다. 하나님은 기드온에게 손으로 물을 움켜쥐고 먹는 자들만 선택하라 하셨다. 불과 300명밖에 되지 않았다. 이 300명이야말로 하나님의 '기드온 특공대'였다.

기드온 용사 300명은 32,000명의 1% 미만이다. 기드온 용사 300명은 일당백으로 선발되어 싸움터에 참여하였다.

횃불, 항아리, 나팔

하나님이 제시해 준 작전에 의해 기드온 용사 300명은 왼손에 항아리와 횃불을, 오른손에 나팔을 들었다.

물론 횃불은 항아리 속에 숨겨 불빛이 새어 나오지 않게 하였다. 100명씩 3대로 나눈 후, 한밤중에 항아리를 깨며 횃불을 높이 들고 나팔을 불며 공격하였다.

12만 명이나 되는 많은 미디안의 군대였지만 놀란 그들은 서로 우왕좌왕하며 메뚜기 떼처럼 도망치기에 바빴다.

하나님의 도우심에 힘입어 기드온과 300명의 특공대는 큰 승리를 거두고, 하나님께 영광을 돌렸다.

1.2. 천하장사 삼손

삼손의 출생

이스라엘 민족은 40여 년 동안이나 블레셋[3] 사람들에게 시달렸다. 이때 하나님이 이스라엘 민족을 구원하시려고 특별히 힘이 센 천하장사인 삼손을 태어나게 하셨다.

나실인

삼손은 특별히 하나님께 바쳐진 사람으로 '나실인'[4]으로 구별되었다. 그래서 삼손은 머리카락을 자르지 않았으며, 독한 술도 마시지 않았고, 시체도 가까이하지 않았다.

천하장사

삼손은 맨손으로 사자를 죽이기도 하였고, 나귀의 턱뼈로 블레셋 병사 1,000여 명을 죽이기도 한 천하장사였다. 그래서 삼손이 이스라엘 민족의 사사로 있던 20년간은 블레셋 사람들이 이스라엘 민족을 괴롭히지 못하였다.

3 서남부 팔레스타인의 해안 평야 지역.

4 삼손, 사무엘과 같이 성별聖別되어 특별하게 하나님께 헌신하기로 서약을 한 사람을 가리킨다.

삼손과 들릴라

삼손에게 꼼짝 못하던 블레셋 사람들은 블레셋 여인 들릴라를 이용하여 삼손이 가진 힘의 비밀을 알아내고자 하였다.

삼손은 여인의 유혹에 빠져 들릴라에게 머리카락의 비밀을 이야기하였다. 결국 삼손은 머리카락이 잘리고, 쇠사슬에 묶여 잡혀갔다.

블레셋 사람들은 크게 기뻐하며 삼손의 두 눈을 뽑아 버렸고, 감옥에 가두고 연자 맷돌을 돌리게 하였다.

이미 힘을 잃은 삼손

삼손은 이미 나실인으로서 지켜야 할 규율을 어겨 힘을 잃었기에 들릴라에게 머리카락이 잘렸고 그래서 힘을 쓰지 못하였다. 늘 자신과의 싸움에서 승리하는 자가 강한 자이다.

삼손의 죽음

삼손이 잡힘으로 인해 블레셋 사람들은 축제의 분위기가 되었다. 그들은 그들이 믿는 다곤[5] 신 앞에 모여 제사를 드렸다. 그리고 그 자리에 삼손을 끌고 와 희롱하고 모욕을 주었다.

삼손은 자기 손을 붙들고 안내하는 소년에게, 다곤 신전을 버티는 기둥 사이에 세워 달라고 하였다. 그리고 하나님께 힘을 달라고 마지막 기도를 드렸다. 기도를 드린 삼손은 마지막 힘을 내어 신전의 기둥을

5 블레셋 족속이 숭배한 주요 신으로 곡식의 신이며, 고대 메소포타미아에서 널리 숭배되었던 신이다.

무너뜨렸다. 그러자 신전이 무너지고 그 자리에 있던 블레셋 사람들이 모두 죽었다. 이때 삼손이 죽인 자가 생전에 죽인 자보다 더 많았다.(삿 16:30)

1.3. 여 사사 드보라

드보라

하나님은 옛날부터 남녀 차별을 하시지 않는 분으로 여자를 사사로 세우시기도 하였다. 그가 바로 드보라[6]였다. 드보라는 바락 장군과 함께 군대를 일으켜 가나안 군대를 물리쳤다.

가나안 군은 오늘날의 탱크라고 할 수 있는 철병거鐵兵車 900대를 가진 막강한 군대였고, 이스라엘 군은 보잘것없는 보병부대였다.

하나님의 도우심으로 이스라엘 군이 공격하자 폭우가 쏟아져 기손 강이 범람하고, 가나안 군대 장관 시스라가 주둔하던 이스르엘 골짜기는 물바다가 되었다. 그러자 시스라는 철병거를 버려두고 걸어서 도망쳤다. 하지만 시스라는 하나님이 예비하신 헤벨의 아내 야엘의 손에 죽었다.

6 랍비돗의 아내이며 사사이다. 가나안의 군대 장관 시스라가 이스라엘을 학대하고 침략했을 때, 바락과 함께 싸워서 가나안 군사를 물리쳤다. 성경에는 '드보라의 노래'가 기록되어 있다.(삿 5:2-31)

1.4. 왕을 세운 사무엘

어머니의 기도

에브라임 사람 엘가나와 그의 부인 한나 사이에는 자식이 없었다. 아기를 낳는 것이 소원인 한나는 매년 여호와의 집에 와서 울며 기도하였다.

한나는 아들을 낳으면 완전히 하나님께 바칠 뿐만 아니라, 나실인으로 구별하여 키우겠다며 기도하였다. 이 기도의 응답으로 태어난 사람이 바로 사무엘이다.

사무엘

사무엘[7]의 어머니 한나는 사무엘이 젖 먹기를 그치자, 사무엘을 데리고 엘리 제사장에게로 갔다. 그때부터 어린 사무엘은 제사장 엘리의 집에서 성장하며 여호와를 섬겼다.

어느 날 밤 하나님은 사무엘을 부르셨고, 엘리 제사장의 가정에 있게 될 일들을 사무엘에게 말씀해 주셨다. 하나님이 사무엘을 선택하신 것이었다.

하나님께 죄를 지은 엘리의 두 아들은 전쟁터에서 전사하고, 그 충격으로 제사장 엘리는 의자에서 굴러 떨어져 목뼈가 부러져 죽었다.

사무엘의 시대가 열린 것이다. 사무엘은 이스라엘의 마지막 사사이며

7 사사 시대에서 왕정 시대로 옮겨 가는 과도기에 살았던 이스라엘의 마지막 사사로, 제사장직을 겸한 사람이다.

제사장으로 사울과 다윗에게 기름을 부어 이스라엘의 왕을 세우는 하나님의 사람이 되었다.[8]

사무엘은 본인이 스스로 왕이 될 수도 있는 인물이었는데도 왕이 되지 않고 2명의 왕을 세우는 자King maker가 되었다.

그 외의 다른 사사들

메소포타미아 왕을 격퇴한 옷니엘, 모압을 물리친 에훗, 삼갈, 돌라, 야일, 입다와 같은 사사들이 있었다.

8 머리에 기름을 붓는 예식은 하나님의 종이 됨을 나타내는 것이다. 제사장이나 예언자에 의해 거행되며, 제사장, 예언자, 왕 등이 기름 부음을 받았다.

살펴보기

1. 기드온이 군사를 모집할 때의 선정 기준과 그 이유를 살펴봅시다.

2. 각 사사들의 활약상을 조사해 살펴봅시다.

3. 사무엘에 대해서 살펴봅시다.

2. 왕국을 세우신 하나님

2.1. 최초의 왕 사울

사울

사울은 "우리에게 왕을 세워 우리를 다스리게 하옵소서."(삼상 8:5)라고 하는 백성들의 요구가 있어서 이스라엘의 왕이 된 사람이다.

사울 왕은 베냐민 지파 기스의 아들로 준수한 사람이었으며, 키가 다른 사람보다 큰 미남형의 왕이었다. 한 나라의 초대 왕이 되는 사람은 대단한 사람이다. 사울 왕은 모든 면에서 부족함이 없는 사람이었다.

사울 왕의 교만

사울은 왕이 된 후 세력이 커지면서 교만하여졌고, 하나님의 말씀을 어기며 제 마음대로 행동하였다. 그래서 사울 왕은 제사장 사무엘에게서 여러 번 책망을 받기도 하였지만, 여전히 교만하였기에 하나님의 버림을 받았다.

부러워하면 지는 거다

사울 왕은 비교의식이 강하였다. '사울은 천천이요, 다윗은 만만'이라는 백성들의 환호에 비교의식이 발동하였다. 사울 왕이 다윗을 동지로 여기고 품었으면 훌륭한 왕이 되었을 것이다. 그러나 사울 왕은 다윗을 라이벌로 생각하고 숙청하려다 다윗을 제거하지도 못하고 실패한 왕이 되었다.

그리하여 하나님은 제사장 사무엘로 하여금 이새의 막내 아들 다윗에게 기름을 부어 새로운 왕으로 준비하게 하셨다.

사울 왕은 세 아들과 함께 블레셋과의 싸움에서 전사하였다.

2.2. 하나님을 의지한 왕 다윗

다윗

다윗은 베들레헴에 사는 이새의 8명의 아들 가운데서 막내로 태어나서 이스라엘의 두 번째 왕이 된 사람이다.

다윗과 골리앗

다윗 왕이 소년이었을 때 이스라엘은 블레셋과 전쟁이 일어났다. 그의 형들 중 3명이나 전쟁터에 나갔고, 다윗은 집에서 양을 치고 있었다.

다윗은 전쟁터의 최전선에서 싸우고 있는 형들을 격려하기 위해 부대를 찾아갔다. 다윗은 거기에서 키가 약 3m나 되는 적군 골리앗[1] 장군을 보게 되었다. 골리앗은 이스라엘 사람들과 하나님을 모욕했지만 누구 하나 감히 맞서는 자가 없었다.

이때 소년 다윗이 나섰다. "주의 종이 가서 저 블레셋 사람과 싸우리이다."(삼상 17:32)라고 했지만 다윗은 아직 어린 소년이라 사울 왕마저 말렸다. "너는 아직 어린 소년에 불과한데, 어찌 저 거인 골리앗과 싸우겠다는 것이냐? 안 된다."

다윗은 "여호와께서 나를 사자의 발톱과 곰의 발톱에서 건져내셨은즉 나를 이 블레셋 사람의 손에서도 건져 내시리이다."(삼상 17:37) 하며 하나님도 지켜 주실 것이라며 나아가 싸우겠다는 말에 사울 왕마저도 허락할 수밖에 없었다.

물매 돌

다윗은 매끄러운 돌 5개를 골라 주머니에 넣고, 물매[2]를 들고 적 장군 골리앗과 싸우러 나아갔다. 소년 다윗을 본 적 장군 골리앗은 너무도 어이가 없었다.

"네가 나를 개로 여기고 막대기를 가지고 내게 나아왔느냐?" 그러자

1 엘라 골짜기에서 이스라엘과 싸울 때 소년 다윗에게 죽은 블레셋 장수로 키가 약 3m나 되는 거인이었다고 전해지고 있다.

2 가죽으로 만들어진 것으로 돌을 넣어 휘두르다가 한쪽 끈을 놓으며 돌을 날리는 도구이다. 당시 이스라엘 목자들의 필수품으로는 양을 인도하거나 구덩이에 빠졌을 때 양을 건지는 지팡이, 가까운 적을 물리칠 때 사용하는 몽둥이, 먼 곳의 적이 양 떼로 접근하지 못하게 할 때 사용하는 물매 등이 있었다.

다윗은 "너는 칼과 단창을 가지고 나에게 오지만 나는 만군의 여호와의 이름, 곧 네가 모욕하는 이스라엘 군대의 하나님의 이름으로 너에게 간다."라고 대답하면서 싸움이 시작되었다.

적 장군 골리앗이 창을 들고 다윗을 죽이려고 할 때, 다윗의 물매 돌이 적 장군 골리앗의 이마에 정통으로 날아가 박혔다. "악!" 외마디 소리와 함께 적 장군 골리앗은 땅에 쓰러졌다. 다윗은 달려가 적 장군 골리앗의 칼을 빼어 골리앗의 목을 잘랐다.

이스라엘 군사들은 사기가 충천하여, 도망가는 블레셋 군사들을 완전히 무찔렀다.

사울 왕의 시기

다윗의 인기는 대단하였다. 백성들은 사울 왕보다 다윗을 더 좋아하였다. 사울 왕은 다윗을 정치적인 경쟁자로 보기 시작하였다. 사울 왕은 기회를 보아 다윗을 죽이기로 마음을 정하고는 그의 딸 미갈을 다윗에게 주어 다윗을 사위로 삼았다.(삼상 18:17-29 참고)

다윗과 요나단의 우정

사울 왕에게 요나단이라는 아들이 있었다. 아버지와는 달리 매우 좋은 사람이었다. 그는 진심으로 다윗을 친구로 좋아하였다.

요나단은 아버지 사울 왕이 다윗을 죽이려고 하자, 미리 알려 주며 피신하도록 돕기도 하였다. 요나단은 다윗만 제거 되면 자신이 왕이 될 수 있는 상황인데도 끝까지 다윗을 제거하는 데 반대하며 다윗의 생명을 지켜 주었다. 요나단은 아버지 사울 왕보다 훨씬 훌륭한 인물이었던 것으로 보인다.

다윗과 요나단의 관계는 소나무가 무성하게 잘 되니, 곁에 있던 잣나무도 기뻐한다는, 즉 친구의 잘됨을 지켜보며, 함께 기뻐한다는 뜻을 가진 송무백열松茂栢悅이라는 사자성어四字成語에 해당한다 하겠다.

그 후 요나단은 전쟁터에서 전사했고, 다윗은 왕이 되었다. 왕이 된 다윗은 주위 사람들이 하지 못하도록 말리는데도 다 물리치고 요나단과 맺은 약속을 지켰다.

다윗 왕과 우리아

다윗 왕도 음욕淫慾에는 약하였다. 다윗 왕은 밧세바가 결혼한 여자인 줄 알면서도 사랑하였다. 다윗 왕은 그녀가 자기의 아이를 임신하였음을 알고서는 자기의 죄를 감추기 위하여 자신을 위해 전쟁터에서 싸우고 있는 밧세바의 남편 우리아를 전쟁터에서 불러들였다. 밧세바가 남편과 동침하게 되면 나중에 자식이 태어날 때 우리아의 자식으로 둔갑시킬 수 있다고 생각한 것이다.

다윗 왕은 왕의 권력을 이용해서 자기가 저지른 죄를 숨기려고 계획하였다. 우리아는 전쟁터에 나가있는 동료와 상사들을 생각하면서, 자기 혼자 편하게 쉴 수 없다며 집에 들어가지 않고 병사들과 궁의 병영에서 머물다가 전선으로 돌아갔다.(삼하 11:6-13 참고)

다윗 왕의 계획은 수포로 돌아갔으며, 우리아는 다윗 왕을 부끄럽게 만들었다. 다윗 왕은 우리아가 다윗 왕이 의도했던 대로 행동하지 않자, 우리아를 최전방으로 보내어 전사하게 하였다.

다윗 왕은 비록 나중에 회개하고 하나님께 돌아왔기에 위대한 인물이기는 하지만, 자신의 욕심을 위하여 심복心腹[3]의 아내를 빼앗고 자기의 죄를 덮기 위하여 더 큰 죄악을 저질렀다. 불의와 정직하지 못함은 반드시 누군가의 눈물과 고통으로 연결되며, 슬픈 역사를 만든다.

다윗 왕의 공적功績

다윗 왕은 통일 왕국을 이룩하였으며, 예루살렘을 통일 이스라엘의 수도로 정하였다. 이스라엘의 모든 왕 중에 영토를 가장 많이 넓힌 왕이었을 뿐만 아니라, 하나님의 마음에 맞는 왕이었다.

2.3. 지혜로운 왕 솔로몬

솔로몬

솔로몬은 다윗 왕과 밧세바의 아들로, 이스라엘 통일 왕국의 세 번째 왕이다.

솔로몬은 젊은 나이에 왕이 되었으나, 하나님이 주신 지혜로 40년 동안 나라를 훌륭히 잘 다스린 지혜로운 왕이었다.

일천 번제

솔로몬은 어린 나이에 왕이 되었으나, 하나님을 신뢰하는 믿음의 사

3 마음 놓고 믿을 수 있는 부하.

람이었다.

솔로몬이 왕이 된 후에 하나님께 일천 번제를 기브온에서 드리니, 하나님께서 꿈에 나타나 소원을 물으셨다.

"내가 네게 무엇을 줄꼬? 너는 구하라."(왕상 3:5)

이에 솔로몬 왕은 "누가 주의 이 많은 백성을 재판할 수 있사오리이까? 듣는 마음을 종에게 주사 주의 백성을 재판하여 선악을 분별하게 하옵소서."(왕상 3:9)라고 대답하며 지혜를 구하였다.

하나님 마음에 꼭 드는 대답이었다. 그래서 하나님은 크게 기뻐하시며, 지혜 외에도 온갖 부귀영화를 함께 다 허락해 주셨다.

솔로몬 왕은 지혜를 구했기에 지혜로운 왕이 되기도 했지만, 그가 이미 지혜로운 사람이었기에 하나님께 지혜를 구하였으며 그러므로 더 지혜로운 왕이 되었던 것이다.

솔로몬의 재판

솔로몬의 지혜로운 재판은 당시 전 세계의 모든 사람들이 다 알 만큼 유명하였다.

한 집에 함께 사는 두 여인이 거의 비슷한 시기에 아들을 낳았다. 그런데 한 여인이 자다가 잘못하여 아기를 죽였다. 그러자 그 여인은 죽은 아기를 몰래 산 아기와 바꾸어 놓았다. 두 여인이 서로 살아 있는 아기가 자기 아기라고 싸우다가, 결국은 누가 진짜 산 아기의 어머니인지 밝혀 달라고 왕에게 요청하였다.

솔로몬 왕은 칼을 가져오게 한 후에 "살아 있는 아기를 둘로 나누어 주어라!"라고 하였다.

그때 한 여인은 아기를 둘로 나누어 달라고 하였으나, 그 아기의 진짜 어머니되는 다른 한 여인은 "아기를 그에게 주시고, 아무쪼록 죽이지 마옵소서."(왕상 3:26)라고 하였다.

이에 솔로몬 왕은, "이 아기를 저 여인(아기를 살려 달라는 여인)에게 주고 아기를 죽이지 말라."라고 하였다.

이 재판은 모성애母性愛를 통하여 아기에게 진짜 어머니를 찾아 준 명 재판이었다.

성전 건축

솔로몬 왕의 큰 업적 중의 하나는 성전 건축이었다.

성전 건축을 위해 주변의 모든 나라로부터 가장 좋은 재료를 준비하였고, 무려 7년 동안 수십만 명이 동원되었다. 하나님 마음에 꼭 드는 성전이었고, 참으로 아름다운 성전이었다.

솔로몬 왕의 업적業績

솔로몬 왕은 지혜로운 왕이었으며, 경제적으로 가장 풍요로운 나라를 만들기도 하였다. 그러나 말년에는 하나님의 말씀을 소홀히 여겼다. 그리하여 솔로몬 왕[4]의 아들이 왕이 되었을 때 나라가 둘로 분단되기도 하였다.

4 솔로몬 왕은 말년에 감람 산 위에 이방신들을 위해 신당들을 지었다.(왕상 11:6–10)

살펴보기

1. 사울 왕과 다윗 왕의 차이점이 무엇인지 살펴봅시다.

2. 다윗과 요나단처럼 우정을 나눌 수 있는 친구를 사귀는 방법을 알아봅시다.

3. 하나님이 솔로몬의 경우처럼 한 가지 소원을 말해 보라고 하신다면 어떤 소원을 구할 것인지 생각해 봅시다.

3. 왕국의 분열

3.1. 남 왕국 유다

왕국의 분열

솔로몬의 아들 르호보암[1]이 솔로몬 왕이 죽자 이스라엘의 4대 왕이 되었다.

다윗 왕과 솔로몬 왕 시대에 전쟁과 성전 건축을 위해 많은 세금과 중노동으로 시달린 백성들은 그들의 대표를 뽑아 르호보암 왕에게 무거운 세금과 중노동을 줾어지게 하는 정책을 시정해 줄 것을 요구하였다.

르호보암 왕이 신하들과 상의하였다. 젊은 신하들과 나이 많은 신하들이 각각 다른 건의를 하였다. 나이 많은 신하들은 백성들의 건의를

1 솔로몬 왕의 아들로, 이스라엘 통일 왕국의 마지막 왕인 동시에 분열 왕국인 남 왕국 유다의 최초의 왕이다.

받아들여야 한다고 하였다. 르호보암 왕은 나이 많은 신하들의 건의를 받아들이지 않고 젊은 신하들의 건의를 받아들였다.

르호보암 왕은, "내 아버지는 너희의 멍에를 무겁게 하였으나 나는 너희의 멍에를 더욱 무겁게 할지라. 내 아버지는 너희를 징계하였으나 나는 전갈 채찍으로 너희를 징치하리라."(왕상 12:14)라고 대답하였다.

이와 같이 르호보암 왕이 백성의 말을 듣지 않자 크게 실망한 북쪽 열 지파의 사람들은 여로보암[2]을 중심으로 새로운 왕국을 세웠다. 이스라엘이 두 왕국으로 나누어졌다.

북쪽 지방 10개 지파를 중심으로 새로 세운 나라가 북 왕국 이스라엘이고, 남쪽 지방의 2개 지파를 중심으로 르호보암 왕이 다스리는 나라가 남 왕국 유다이다.

히스기야 왕

남 왕국 유다는 예루살렘을 중심으로 큰 변화 없이 왕위가 계승되어 갔다.

남 왕국 유다는 주위에 있는 앗수르(아시리라)[3]나 수리아(시리아) 같은 강대국의 위협 속에서 늘 불안해하였다. 기원전 733년에는 유다가 앗수르의 속국이 되기도 하였다.

2 솔로몬 왕이 죽은 후 르호보암이 왕위를 계승하자, 이스라엘 북쪽 열 지파의 지지를 받아 분열하여 북 왕국 이스라엘의 초대 왕이 되었다.

3 고대 메소포타미아 왕국들 중의 하나로 북부 이라크 힛데겔(티그리스) 강 기슭에 위치하였다. 앗수르 왕은 셈의 아들로 족장 시대 이전에 티그리스, 유프라테스 강 유역의 바벨론 북쪽에 고대 왕국을 세우고 중동 지방에서 정치적 활약을 하고 있었고, 수도 니느웨를 중심으로 점차 그 세력이 강해지기 시작하였으며, 특히 북 왕국 이스라엘에 대해서 막강한 영향력을 행사하였다.

히스기야 왕이 즉위하여 예언자 이사야의 권고로 우상을 모두 없애 버리고 하나님만 섬기게 하였다.

잠시 동안은 편안한 시대가 되었다. 특히 히스기야 왕은 믿음이 깊은 왕으로 죽을 병에 걸렸을 때 하나님께 간절히 기도하여 15년이나 더 살기도 하였다.

요시야 왕

히스기야 왕이 죽자 그 아들 므낫세가 왕이 되었으나 그는 다시 우상을 섬겨 하나님의 마음을 아프게 하였다.

므낫세 왕의 손자 요시야는 8살의 어린 나이에 왕이 되었다. 그는 비록 어린 나이였지만 우상을 없애고 여호와 하나님의 전을 깨끗하게 수리하였으며, 그 백성들이 여호와 하나님께로 돌아올 것을 외쳤다. 그러나 아깝게도 요시야 왕은 애굽 군과 싸우다가 전사하였다.

유다의 멸망

그 후 여호야김 왕이 바벨론[4]에 조공을 바치다가 바벨론에 반역을 하자, 바벨론의 느부갓네살[5] 왕은 예루살렘을 포위하고 많은 사람들을 포로로 잡아갔다.

4 나라의 이름이자 도시의 이름으로 로마인들이 부르던 갈대아인의 영토를 말한다. 함의 손자 니므롯이 건설한 나라로, 느부갓네살 왕 때(B.C. 587년) 국력이 강성하여 남왕국 유다를 멸망시키고 이스라엘 백성을 포로로 잡아갔다.

5 갈대아 왕으로 신 바벨론 제국을 창건한 자이다. 예루살렘에 침입하여 시드기야를 남왕국 유다 왕으로 세웠으나, 시드기야가 느부갓네살 왕의 뜻을 거스르자 기원전 587년에 예루살렘을 완전히 점령하였다.

기원전 587년에 유다에 또 반反바벨론 세력이 일어나자, 바벨론의 느부갓네살 왕은 다시 유다를 공격하여 예루살렘을 함락하고 예루살렘 성을 철저히 파괴하였다. 이로써 남 왕국 유다는 바벨론에 멸망하였고 많은 지도층 사람들이 바벨론에 포로로 잡혀 끌려갔다.

3.2. 북 왕국 이스라엘

여로보암 왕

여로보암 왕은 세겜[6]을 수도로 정하고 단과 벧엘을 여호와 하나님의 성소로 정하였으며 백성들에게 단합을 호소하였다.

아합 왕

팽팽히 맞서던 이스라엘과 유다, 두 나라는 점점 균형이 깨어져 북 왕국 이스라엘이 더 강하여지게 되었다.

북 왕국 이스라엘도 항상 우상 숭배가 문제가 되었다. 우상 숭배를 철저하게 강조했던 대표적인 왕이 아합 왕이었다.

아합 왕은 북 왕국 이스라엘을 22년간이나 다스리면서 번영을 꾀하였으나, 왕후 이세벨의 꾐에 빠져 우상숭배와 하나님의 뜻을 거역함으로 자신을 망친 악한 왕이었다.

6 예루살렘 북쪽 약 49km 떨어진 그리심 산과 에발 산 사이에 위치한다. 북쪽 이스라엘의 10개 지파들이 여로보암을 왕으로 추대하여 북 왕국 이스라엘의 왕조를 이룬 곳이다. 그러나 기원전 9세기에 오므리 왕은 수도를 세겜에서 사마리아로 옮겼다.

이세벨

아합 왕의 왕후 이세벨은 바알[7]과 아세라[8]의 열광적 숭배자였으며, 이스라엘을 우상 바알과 아세라를 섬기는 나라로 만들려고 하였다.

뿐만 아니라 이세벨은 아합 왕이 나봇의 포도원을 욕심낼 때, 포도원을 빼앗기 위해 나봇을 거짓으로 모함하여 돌로 쳐 죽이는 일까지 행하는 악한 사람이었다.

이세벨은 예언자 엘리야의 예언대로 개들에게 그 시체가 먹히는 비참한 최후를 맞이하였다.

예후 왕

아합 왕과 이세벨과 그 후계자들의 죄악을 참지 못해 일어난 사람이 바로 예후 왕이었다.

예후 왕은 북 이스라엘의 10대 왕으로 아합 왕 자손과 우상 바알을 섬기는 자들을 모두 죽이고 우상 바알의 제단을 헐고 우상도 모두 부수어 버리기도 하였다. 그러나 그도 우상 숭배에서 완전히 떠나지 못하고 우상 금송아지를 섬기는 잘못을 저질렀다.

여로보암 2세 왕

여로보암 2세 왕이 41년간(B.C.786−746) 북 이스라엘을 다스리는

7 베니게와 가나안의 농업 신으로 농작물, 가축 떼, 농가의 다산을 책임지는 신이다.
8 베니게와 수리아의 여신이다. 가나안의 3대 여신 중의 하나로, 바알의 아내이며 풍요를 상징한다.

동안 정치, 경제 등 모든 분야에서 잠시 번영을 누렸으나, 그도 하나님을 멀리하였기에 오래가지 못하고 여로보암 2세 왕이 죽은 뒤 이스라엘은 바로 위기에 직면하게 되었다.

북 왕국 이스라엘의 멸망

북 왕국 이스라엘 역시 주변의 강대국 틈에서 불안해하였다. 그러나 그들은 하나님을 의지하지 않고 주변에 있는 강대국을 의지하였다.

결국 기원전 724년에 앗수르의 침략으로 호세아 왕은 포로가 되었고, 북 왕국 이스라엘의 수도 사마리아도 3년 동안 포위되었다가 함락되었다.

기원전 721년 북 왕국 이스라엘은 앗수르에 완전히 멸망당하고, 백성들은 포로로 잡혀가서 여러 지방으로 분산되었다.

3.3. 분열 왕국과 예언자 엘리야

예언자 엘리야

이스라엘과 유다로 분단된 분단 시대의 사람으로 빼놓을 수 없는 사람이 있으니 그가 북 왕국 이스라엘의 가장 위대한 예언자 엘리야이다. 엘리야는 이스라엘의 7대 아합 왕과 8대 아하시야 왕 시대에 활동한 예언자였다.

3년 반의 가뭄

아합 왕은 부인 이세벨과 함께 하나님을 믿는 자들을 탄압하고, 수도 사마리아에 우상인 바알의 제단을 만들었다.

화가 나신 하나님은 예언자 엘리야를 통해 앞으로 몇 년 동안 비가 내리지 않을 것이라고 말씀하셨다.

그러나 아합 왕은 깨닫지 못하고 오히려 예언자 엘리야를 죽이려고만 하였다.

갈멜 산의 결투

3년 6개월이 지난 후 아합 왕 앞에 예언자 엘리야가 나타나 "그런즉 사람을 보내 온 이스라엘과 이세벨의 상에서 먹는 바알의 선지자 450명과 아세라의 선지자 400명을 갈멜 산으로 모아 내게로 나아오게 하소서."(왕상 18:19)라고 하였다.

아합 왕은 이스라엘 모든 백성들과 바알과 아세라 선지자 850명을 갈멜 산으로 불러 모았다.

예언자 엘리야가 이스라엘 백성들에게 이렇게 호소하며 외쳤다. "너희가 어느 때까지 둘 사이에서 머뭇머뭇하려느냐? 여호와가 만일 하나님이면 그를 따르고, 바알이 만일 하나님이면 그를 따를지니라."(왕상 18:21)

예언자 엘리야와 바알의 선지자들은 각각 제단을 쌓고 송아지를 한 마리씩 제단에 올려놓았다. 그리고 각자 자기의 신께 부르짖어 하늘에서 불이 내려와 제물을 태우는 쪽이 참 하나님이심을 알게 하자고 하였다.

바알과 아세라 선지자들이 아침부터 낮까지 부르짖고, 나중에는 자신들 몸에 상처를 내며 피까지 흐르게 하였으나 아무 응답이 없었다.

하늘에서 불이 내리다

이때 예언자 엘리야는 백성들을 가까이 오게 하고 단을 정돈한 뒤 하나님께 기도하였다.

"여호와여, 내게 응답하옵소서. 이 백성으로 주 여호와는 하나님이신 것과 주는 그들의 마음을 되돌이키심을 알게 하옵소서."(왕상 18:37)

이에 하늘에서 불이 내려와 번제물을 몽땅 태웠다. 여호와 하나님만이 참 하나님이심을 깨닫게 하는 승리였다.

비가 내리다

예언자 엘리야가 갈멜 산[9] 정상에서 기도하니, 3년 6개월 만에 하늘에서 비가 내리기 시작하였다.

예언자 엘리야는 죽지 않고 산 채로 불 마차를 타고 하늘로 올라갔다.

9 지중해 지역에 있는 산으로 예언자 엘리야가 바알과 아세라의 선지자 850명과 대결하여 이긴 곳이다.

살펴보기

1. 갈멜 산의 대결에 대해서 살펴봅시다.

2. 남 유다의 히스기야 왕과 북 이스라엘의 아합 왕을 조사하여 살펴봅시다.

3. 바알과 아세라에 대하여 살펴봅시다.

제5부

지혜를 주시는 하나님

1. 찬양의 노래
2. 지혜의 근본
3. 슬기로운 삶

1. 찬양의 노래

1.1. 시편

찬송

시편은 구약의 시가문학서 5권(욥기, 시편, 잠언, 전도서, 아가) 중 가장 대표적인 작품이다. 히브리 성경에서 시편의 책 제목은 "테힐림"인데, '찬송', 혹은 '찬양의 노래'를 의미한다.

시편은 원래 찬송가와 같기에 읽는 것이라기보다는 악기로 반주하여 노래하기 위한 것이다. 구약의 시가문학서는 일종의 종교문학으로, 갖가지 종교 체험에 의해 기록된 것이기 때문에 그 문학 형식이나 성격은 다양하다.

현재의 성경에 실린 시편은 이스라엘의 예배의 시詩와 경건의 시를 오랜 세월에 걸쳐서 사용, 수집, 채택하고 재해석한 산물이다.

시편의 편집자는 전체를 5권으로 나누었는데, 각 권은 송영으로 끝나며 마지막 150편은 시편 전체에 대한 송영의 역할을 한다.

시편이 5권으로 분류된 것은(1-41편, 42-72편, 73-89편, 90-106편, 107-150편) 편집자가 모세 오경을 연상해서 분류한 것이라고 보기도 한다.

시가서로는 시편, 아가, 교훈서로는 잠언, 전도서, 이야기서로는 욥기로 분류할 수 있다.

기도의 노래

시편의 시詩들이 쓰여진 연대는 정확히 알 수 없으나, 약 1,000년 정도의 오랜 기간에 걸쳐 쓰여진 것으로 보인다. 현재의 형태로 편집된 것은 기원전 100년쯤으로 추정된다. 이들 150편의 시는 제사를 드릴 때에 찬송으로 불려진 것들로서 하나님께서 주신 최고의 문학 작품이라 할 수 있다.

시편 150편 전체의 주제를 한 마디로 요약한다면, 하나님을 향한 믿음과 기도의 노래라 할 수 있다.

시편을 내용으로 분류해 보면 다음과 같다.

① 찬미의 노래: 8편, 9편, 46편 등.

② 탄식의 노래: 7편, 22편, 44편, 137편 등.

③ 감사의 노래: 30편, 41편, 116편, 124편 등.

④ 신뢰의 노래: 23편, 62편 등.

몇몇 시편에서 계속 나오는 '셀라selah'[1]라는 말은(시 46편 등) 음악적인 어떤 지시를 가리키는 것 같은데 정확한 의미는 알려지지 않고 있다.

시편에서 시 1편과 23편은 꼭 기억하고 암송해야 할 대표적인 시로 추천한다.

복 있는 사람

특별히 '복 받은 사람'이 아니라 '복 있는 사람'으로 표현되어 있다.

"복 있는 사람은 악인들의 꾀를 따르지 아니하며 죄인들의 길에 서지 아니하며 오만한 자들의 자리에 앉지 아니하고 오직 여호와의 율법을 즐거워하여 그의 율법을 주야로 묵상하는도다. 그는 시냇가에 심은 나무가 철을 따라 열매를 맺으며 그 잎사귀가 마르지 아니함 같으니 그가 하는 모든 일이 다 형통하리로다. 악인들은 그렇지 아니함이여 오직 바람에 나는 겨와 같도다. 그러므로 악인들은 심판을 견디지 못하며 죄인들이 의인들의 모임에 들지 못하리로다. 무릇 의인들의 길은 여호와께서 인정하시나 악인들의 길은 망하리로다."(시 1:1-6)

여호와는 나의 목자시니

하나님을 가장 잘 표현한 말씀의 하나이다.

"여호와는 나의 목자시니 내게 부족함이 없으리로다. 그가 나를 푸른 풀밭에 누이시며 쉴 만한 물가로 인도하시는도다. 내 영혼을 소생시키

1 예배를 드릴 때 사용되는 음악 용어. 시편 중에 71회, 하박국서의 기도 중에 3회 쓰여져 있다. '올린다'는 동사 '살랄salal'에서 온 말이며, 가성 또는 주악의 리듬을 올리는 것으로 추측되는데, 확실한 뜻은 분명하지 않다.

시고 자기 이름을 위하여 의의 길로 인도하시는도다. 내가 사망의 음침한 골짜기로 다닐지라도 해를 두려워하지 않을 것은 주께서 나와 함께하심이라 주의 지팡이와 막대기가 나를 안위하시나이다. 주께서 내 원수의 목전에서 내게 상을 차려 주시고 기름을 내 머리에 부으셨으니 내 잔이 넘치나이다. 내 평생에 선하심과 인자하심이 반드시 나를 따르리니 내가 여호와의 집에 영원히 살리로다."(시 23:1–6)

시편은 이스라엘 백성이 그들의 신앙을 노래의 형식으로 표현한 것이다. 그러므로 우리는 시편을 통하여 이스라엘 백성이 어떤 양식으로 그들의 경건과 신앙을 표현했는지 배우게 된다. 우리는 하나님께서 어떠한 방법으로 우리에게 응답하고 있는지도 헤아려 볼 수 있어야 한다.

1.2. 아가

사랑의 노래

아가雅歌는 남녀 간의 사랑의 이야기를 통하여 하나님과 인간의 사랑을 은유적으로 표현하고 있다.

아가는 히브리 성서에서는 룻기·예레미야애가·전도서·에스더와 함께 유대력의 여러 종교 축일에 낭독하는 다섯 두루마리를 이룬다. 이 책은 이스라엘 민족이 애굽(이집트)에서 탈출한 사건을 기념하는 '유월절'에 낭독하는 두루마리이다. 이 책의 현재 형태는 바빌론 포로 이후(B.C. 5세기 이후)에 작성되었지만, 그 안에 담긴 시들은 B.C. 10세기 다윗 왕조 때 쓰여졌다고 본다.

아가서는 남자와 여자가 번갈아 가며 말하는 연애시 모음으로, 책 전체를 일관하는 줄거리는 없다. 그중 여러 시들은 사랑하는 이의 아름다움을 조목조목 묘사하고 있다.

아가서는 여러 방법으로 해석되어 왔는데, 유대인들은 하나님과 거룩한 계약을 맺은 이스라엘 민족에 대한 하나님의 사랑으로 해석하며, 기독교는 교회에 대한 그리스도의 계약적 사랑을 묘사한 것으로 해석하고 있다.

살펴보기

1. 하나님께 어떤 방법으로 찬송하며 기도하는가를 살펴봅시다.

2. 시편 1편과 23편을 기록하고 암송하여 봅시다.

3. 하나님께 사랑의 문자를 단문으로 써 봅시다.

2. 지혜의 근본

2.1. 지혜서

지혜문학

구약의 시가문학서 중 잠언, 전도서, 욥기를 가리켜 지혜문학이라고 한다.

지혜문학이란 애굽과 바벨론 등지에서 예로부터 발달한 문학 형태로 현자賢者들이 만들었으며, 일종의 처세술處世術로서 지혜를 모아 편집한 격언집이나 교훈집 또는 시가 등이 있다.

지혜란 무엇인가? 지식과 대비되는 말로 지혜를 말하지만 분명하게 정의할 수 없기도 하다. 그러나 잠언, 전도서, 욥기를 통해 단순한 처세술이 아니라, 참다운 지혜는 '문제를 해결할 수 있는 능력'과 '미래를 준비하는 능력'과 '옳고 그름을 분별하는 능력'을 터득하는 것이라고 할 수 있겠다.

이스라엘에서 이 지혜문학이 성행한 것은 바벨론 포로 시대 이후인 기원전 500년에서 200년쯤으로 추정된다. 포로 해방과 예루살렘 귀환 후에, 유대교의 지도자가 된 제사장들과 더불어 활약한 자들이 지혜자들이었다. 포로 생활에서 귀환한 유대인들의 생활은 불안정하고, 여러 가지 번민과 고뇌를 지니고 있었다. 이러한 상황에서 지혜문학을 이용하여 어려움을 극복하였다.

지혜자들은 지혜를 신앙과 연관시켜 생각하였고, '어떻게 사람다운 삶을, 즉 지혜로운 삶을 살 수 있을 것인가?' 하는 문제를 깊이 있게 가르치려고 하였다.

2.2. 잠언

지식의 근본

잠언箴言은 지혜문학 가운데 가장 알기 쉬운 문장으로 표현되어 있다. 격언집이요, 교훈집인 이 문서는 문학적으로도 무척 리듬감이 있다.

잠언 전체에 흐르는 기본 사상은 "여호와를 경외하는 것이 지식의 근본이거늘 미련한 자는 지혜와 훈계를 멸시하느니라."(잠 1:7), 또는 "여호와를 경외하는 것이 지혜의 근본이요 거룩하신 자를 아는 것이 명철이니라."(잠 9:10)라는 구절에 잘 나타나 있다. '경외한다.'는 것은 '믿는다.'는 뜻으로서 사람의 지혜는 하나님을 믿을 때 주어지는 것이고, 그 지혜로써 행복한 생활을 할 수 있다고 가르치고 있다.

부모의 훈계

"내 아들아 네 아비의 훈계를 들으며 네 어미의 법을 떠나지 말라."(잠 1:8)

"아들들아 아비의 훈계를 들으며 명철을 얻기에 주의하라. 내가 선한 도리를 너희에게 전하노니 내 법을 떠나지 말라. 나도 내 아버지에게 아들이었으며 내 어머니 보기에 유약한 외아들이었노라. 아버지가 내게 가르쳐 이르기를 내 말을 네 마음에 두라 내 명령을 지키라 그리하면 살리라."(잠 4:1-4)

"지혜로운 아들은 아비를 기쁘게 하거니와 미련한 아들은 어미의 근심이니라."(잠 10:1)

"지혜로운 아들은 아비의 훈계를 들으나 거만한 자는 꾸지람을 즐겨 듣지 아니하느니라."(잠 13:1)

"아비의 훈계를 업신여기는 자는 미련한 자요 경계를 받는 자는 슬기를 얻을 자니라."(잠 15:5)

잠언에는 '부모의 훈계'를 잘 듣는 자가 지혜로운 자라고 여러 번 반복하여 나온다.

세상에 태어나 제일 먼저, 그리고 가장 많이 만나는 사람이 부모이다. 부모와의 관계가 좋은 사람은 다른 사람과의 관계도 좋을 수 있는 확률이 높은 것이다. 바꾸어 이야기하면 부모의 말을 듣지 않는 자가 누구의 말을 듣겠는가? 지혜로운 사람이기에 부모의 훈계를 잘 듣는다.

다른 금언들

"게으른 자여 개미에게 가서 그가 하는 것을 보고 지혜를 얻으라."(잠 6:6)

"유순한 대답은 분노를 쉬게 하여도 과격한 말은 노를 격동하느니라. 지혜 있는 자의 혀는 지식을 선히 베풀고 미련한 자의 입은 미련한 것을 쏟느니라."(잠 15:1-2)

"적은 소득이 공의를 겸하면 많은 소득이 불의를 겸한 것보다 나으니라."(잠 16:8)

"마른 떡 한 조각만 있고도 화목하는 것이 제육猪肉[1]이 집에 가득하고도 다투는 것보다 나으니라."(잠 17:1)

"타인이 너를 칭찬하게 하고 네 입으로는 하지 말며 외인이 너를 칭찬하게 하고 네 입술로는 하지 말지니라."(잠 27:2)

매일 한 장씩

잠언은 31장으로 되어 있다. 매일 한 장씩 읽으라고 주어진 말씀 같다. 하루에 1장씩 날짜에 맞추어 읽고 익히면 한 달이면 마칠 수 있다. 지혜를 한 달 만에 터득할 수 있다니 이 얼마나 좋은가? 많은 사람들이 지혜가 없다고 탓만 하니…….

1 식용으로 쓰이는 고기를 말한다.

2.3. 전도서

허무주의일까?

전도서는 인간의 삶이 어떠한 것인가를 한 개인의 경험에 비추어 전체적으로 설명하려고 노력한다. 그런 점에서 전도서는 인간의 삶에 대한 전도서 저자의 설교를 모아 놓은 것이라고 볼 수 있다.

전도서의 내용이 허무주의, 염세주의, 비관주의 등을 담고 있다고 보기도 하지만 반드시 그렇지만은 않다.

오히려 전도서는 인간의 삶을 이루는 모든 것들이 헛되고 무익하기 때문에 삶을 마음껏 즐겨야 하고 더 나아가서는 하나님을 경외해야 한다는 것을 가르치고 있다.

삶의 의미

첫째, 세상의 모든 것이 헛됨이다.(전 1:2-12:8)

전도서 저자는 자기가 이제까지 살아왔던 삶의 경험들을 이렇게 결론짓고 있다.

"헛되고 헛되며 헛되고 헛되니 모든 것이 헛되도다."(전 1:2)

전도서 저자가 보기에 모든 인간의 삶은 단조롭고 지루한, 자연계의 순환과도 같이 끊임없이 반복되고 되풀이되는 권태로운 것이었다. 그러기에 해 아래서 새것이라고 할 만한 것이 없다고 전도서 저자는 말한다.

세상의 모든 지혜, 세상의 모든 쾌락, 모든 부귀영화가 결국은 헛될 뿐이다.

전도서 저자는 세상 만물이 이처럼 헛되기 때문에 세상을 포기하고, 세상에 속한 것들을 멀리하라고 말하지는 않는다. 오히려 그는 사람이 먹고 마시며 수고하는 가운데 심령으로 낙을 누리게 하는 것보다 더 나은 것이 없다고 주장한다.

더 나아가 선을 행하는 것보다 나은 것이 없으며(전 3:12), 하나님의 영광을 위하여 하는 것(고전 10:31)은 참으로 즐길 만한 것이요, 또 사람이라면 누구나 그렇게 해야만 할 것이라고 주장한다.

둘째, 인간 한계의 긍정이다.(전 2:12-26)

한 마디로 말해서 인간의 지혜와 능력으로는 세상의 모든 일들을 명료하게 설명할 수 없다는 것이다.(전 8:17)

셋째, 하나님의 심판에 대한 준비이다.(전 12:9-14)

인간은 살면서 체험하는 모든 것들, 때와 기한을 정하고 모든 일들을 성취하는 하나님의 일을 잘 알지 못한다.(전 8:17, 11:5) 전도자는 하나님이 의인과 악인을 심판하실 때가 반드시 올 것이라고 말한다.(전 3:17, 5:8)

오직 하나님을 경외하고 그 명령을 지키는 자는 잘될 것이며 그렇지 못한 악인의 마지막은 그림자와 같이 될 것임을 말하고 있다.(전 8:12-13)

살펴보기

1. 잠언에서 좌우명으로 삼을 수 있는 구절 5개 이상을 찾아봅시다.

2. 지식과 지혜의 차이점을 살펴봅시다.

3. 이 세상 모든 것이 헛되다는 것을 깨닫는 자가 가져야 할 바람직한 태도는 무엇인가 살펴봅시다.

3. 슬기로운 삶

3.1. 욥기

고난

욥기는 욥이라는 사람이 당하는 고난을 주제로 한 극시劇詩 형태의 이야기이다. '의인이 왜 고난을 당해야 하는가?'라는 질문에 답하는 형식으로 이루어져 있다. 또한 욥의 믿음을 통하여 경건한 삶이 무엇인가를 보여주고 있다.

우스 땅에 사는 욥은 "순전하고 정직하여 하나님을 경외하며 악에서 떠난 자"(욥 1:1)로서 가정적으로나 경제적으로나 행복한 생활을 하고 있었다. 그러던 어느 날 욥은 갑자기 재산과 자녀들을 모조리 다 잃어버리게 되고, 욥 자신의 몸에도 발바닥에서 정수리까지 악창이 생겼다.(욥 2:7)

욥은 처음에는 "내가 모태에서 알몸으로 나왔사온즉 또한 알몸이 그리로 돌아가올지라. 주신 이도 여호와시요 거두신 이도 여호와시오니 여호와의 이름이 찬송을 받으실지니이다."(욥 1:21)라고 말하면서 고난에 무릎 꿇지 않았다. 그러나 욥은 끝내 자신이 당하는 고통을 견디지 못하여 "어찌하여 내가 태에서 죽어 나오지 아니하였던가. 어찌하여 내 어머니가 해산할 때에 내가 숨지지 아니하였던가."(욥 3:11)라고 자신의 출생을 저주하며 고뇌의 울부짖음을 외쳤다. 고난당하는 까닭을 모르기 때문에 더욱 괴로워한다.

욥은 환경의 변화와는 관계없이 한결같이 모든 일의 결과를 하나님께 돌리는 순전하고 정직한 믿음을 지킨다. 욥의 이러한 의로운 경건의 모습은 고통과 절망에 빠진 우리가 가져야 할 올바른 믿음의 모습이 어떠한 것인가를 잘 보여 주고 있다.

인과응보因果應報일까?

고난당하는 욥에게 그의 세 친구, 엘리바스, 빌닷, 소발이 와서 위로와 격려의 말을 한다. 그들은 인간의 불행과 재난은 지은 죄에 대한 형벌이니 하나님께 회개하라는 설교를 되풀이한다. 그러나 욥은 그 말을 받아들이지 못한다.

"나의 죄악이 얼마나 많으니이까? 나의 허물과 죄를 내게 알게 하옵소서. 주께서 어찌하여 얼굴을 가리시고 나를 주의 원수로 여기시나이까?"(욥 13:23-24)

이에 또 다른 친구인 엘리후가 나서서 욥에 대해서는 '자기가 의롭다.' 고 생각하는 자세에 대해 꾸짖고, 욥의 세 친구에 대해서는 '욥을 정죄하

는 일'에 대해 꾸짖는다.(욥 32:2-3 참고)

자기 성찰

하나님께서 폭풍 가운데 나타나 욥에게 말씀하신다. "너는 대장부처럼 허리를 묶고 내가 네게 묻겠으니 내게 대답할지니라. 네가 내 공의를 부인하려느냐? 네 의를 세우려고 나를 악하다 하겠느냐?"(욥 40:7-8)

그것은 자기가 올바르다고 자신을 절대화하는 욥에 대한 호된 꾸중이었다.

마침내 "나는 비천하오니 무엇이라 주께 대답하리이까?"(욥 40:4) 하고 하나님께 고백하는 욥의 모습에서 고난을 어떻게 극복해야 하는가를 알려 주고 있다.

고난을 당할 때에는 먼저 자신의 삶을 돌이켜 보고 잘못된 것이 있으면 하나님께 고백해야 한다는 것을 배울 수 있다. 억울하게 고난을 당한다 생각되더라도 우리를 훈련시키시고 협력하여 선을 이루게 하시는 하나님을 굳게 믿고, 그의 신비로운 능력과 주권을 찬양할 수 있어야 한다.

짧은 지혜로 하나님을 판단하고 이웃을 판단하는 어리석음에서 벗어나야 하는 것이다.

이 세상에는 고난과 고통 없이 살아가는 사람은 단 한 사람도 없다. 어떻게 고난과 고통을 극복하고 이겨 내느냐이다.

훈련의 과정

고난의 의미를 깨달아야 한다. 때로는 고난은 훈련과 연단의 과정이요, 축복을 받는 통로이기도 하다. 종교 개혁자인 루터는 "고난은 축복을 가져다주는 지름길이다."라고 하였다. 하나님은 우리에게 축복을 주실 때, 고난으로 포장하여 주신다. 고난은 하나님의 섭리에 눈을 돌리게 하고, 전지전능하신 하나님을 만날 수 있는 기회를 제공하기도 한다.

고난과 시련을 견디며 극복하는 사람은 행복한 합격자가 되겠지만, 포기하는 사람은 불행한 낙제생이 되는 것을 본다.

의인 욥이 고난을 당하면서 하나님에게 불평하는 모습과, 마침내 자신의 교만한 마음을 깨닫고 "나는 낮고 천한 존재입니다."라고 고백하는 모습은, 우리가 고난을 어떻게 극복해야 하는가를 가르쳐 주고 있다.

"사람이 감당할 시험 밖에는 너희가 당한 것이 없나니, 오직 하나님은 미쁘사, 너희가 감당하지 못할 시험 당함을 허락하지 아니하시고, 시험 당할 즈음에 또한 피할 길을 내사 너희로 능히 감당하게 하시느니라." (고전 10:13)

3.2. 룻기

이방 여인

룻기는 룻이라는 한 여인의 삶을 소개하는 책이다. 인간적으로 볼 때 고난과 역경逆境의 길을 택했으나 궁극적으로는 하나님의 뜻을 따라 살았기에 축복받는 한 인생의 모습이 나타난다.

룻기의 시대적 배경은 사사 시대로 이스라엘 백성이 하나님을 버리고 바알 신을 찾아다니던 배교의 시대였다. 그러나 이스라엘 사람도 아닌 모압 여인 룻이 이러한 시대에 하나님을 극진히 섬기며 자신의 시어머니를 잘 모시는 일은 매우 대조적인 모습으로 보인다.

효도

첫째, 룻의 순탄치 못한 삶의 모습을 볼 수 있다.(룻 1:1-18 참고)

엘리멜렉 가족은 가난을 떨쳐 버리기 위하여 고국을 떠나온 모압 땅에서 큰 비극을 경험한다. 그것은 엘리멜렉과 두 아들이 다 죽고, 엘리멜렉의 부인과 두 아들의 부인 즉 여자 셋이 이국 땅에 남겨진 것이다.

엘리멜렉의 부인인 나오미는 두 며느리에게 고국에 남아 다시 재혼할 것을 권유한다.(룻 1:9) 이때 둘째 며느리인 룻은 자신의 조국에 남기를 포기하고 시어머니 나오미를 따를 것을 자청한다.

"내게 어머니를 떠나며 어머니를 따르지 말고 돌아가라 강권하지 마옵소서. 어머니께서 가시는 곳에 나도 가고 어머니께서 머무시는 곳에서 나도 머물겠나이다. 어머니의 백성이 나의 백성이 되고 어머니의 하나님이 나의 하나님이 되시리니, 어머니께서 죽으시는 곳에서 나도 죽어 거기 묻힐 것이라 만일 내가 죽는 일 외에 어머니를 떠나면 여호와께서 내게 벌을 내리시고 더 내리시기를 원하나이다."(룻 1:16-17)

남편이 없는 상태에서 시어머니를 따르려고 하는 것도 힘든 일이지만, 이방 여인으로서 하나님을 따르겠다고 한 고백 역시 쉬운 일이 아니다. 그녀의 결단은 바로 하나님을 믿는 믿음에서 비롯되고 있는 것이다.

둘째, 룻의 효행孝行을 찾아볼 수 있다.(룻 1:1-3:18 참고)

룻은 시어머니를 모시고 베들레헴에 와서 고통을 묵묵히 이겨 나가며 최선을 다해 어려움을 극복한다. 이러한 성실함과 효행이 친척인 보아스를 감동시켰고 그의 밭에서 많은 곡식의 이삭을 주울 수 있도록 허락 받는다.

룻은 젊은 여자로서 개인의 편안함을 추구하거나 자신의 삶을 살겠다고 고국으로 돌아갈 수도 있었다. 그러나 늙은 시어머니를 모시는 효도와 시어머니의 뜻을 따르는 순종의 모습을 보고 이웃과 보아스로부터 현숙한 여인으로 칭찬을 받으며 인정을 받는다.

셋째, 효도하는 자에게는 보상이 있다.(룻 4:1−22 참고)

룻은 친척이며 부자인 보아스와 결혼을 한다. 그로 인해 경제적 문제가 해결되었으며 시어머니 나오미까지도 편안한 삶을 살게 되었다.

또한 룻은 다윗 왕의 증조모가 되는 아주 큰 축복을 받았다.

룻기를 통해서 인간의 행복과 불행을 결정짓는 것은 외적인 요인이 아니라, 어떤 상황에서라도 하나님의 뜻을 따르려는 마음과 삶의 자세에 있음을 배울 수 있다.

하나님의 뜻에 순종하면 하나님의 섭리가 우리를 감싸게 되고 그 섭리 속에서 우리는 행복한 삶을 경험하게 되는 것이다.

살펴보기

1. 고난이 없는 세상은 가능할까? 생각해 봅시다.

2. 욥이 우리에게 주는 교훈은 무엇인지 살펴봅시다.

3. 오늘을 사는 우리에게 효도란 무엇을 의미하는지 살펴봅시다.

제6부

세상을 구원하시는 하나님

1. 이스라엘 백성의 바벨론 포로 생활
2. 예언자를 통해 말씀하시는 하나님
3. 구원하시는 하나님

1. 이스라엘 백성의 바벨론 포로 생활

1.1. 뜻을 지켜나가는 삼총사

뜻을 정하고

바벨론에 포로로 잡혀간 유대인 중에는 다니엘,[1] 사드락, 메삭, 아벳느고가 있었다. 이들은 포로들 중에서 특별히 선택되어 바벨론 왕이 먹는 음식과 포도주도 먹을 수 있었다. 이들은 장차 바벨론에서 중요한 직책을 담당할 사람들이었다.

그들은 하나님을 의지하며 우상에게 바쳐진 제물은 먹지 않겠다는 뜻을 정하고, 그 기름진 음식을 거부하며 깨끗한 채소와 물만 먹었다. 그럼에도 불구하고 오히려 다른 사람들보다도 혈색이 더 좋았다.

1 귀족 혈통의 이스라엘 사람으로, 세 친구와 함께 바벨론의 느부갓네살 왕에 의해 바벨론에 포로로 잡혀 왔다.

금 신상神像

다니엘과 사드락, 메삭, 아벳느고는 하나님의 도우심으로 바벨론의 일부 지역을 다스리는 중요한 책임을 맡게 되었다.

그때에 바벨론의 느부갓네살 왕은 금으로 만든 거대한 신상을 바벨론의 '두라 평지'에 세웠다. 그리고 악기 소리에 맞추어 모든 사람들이 그 신상에 절을 하도록 명령을 내렸다. 만약 절을 하지 않으면 뜨거운 풀무[2] 불에 넣어 태워 죽이겠노라고 하였다.

모든 사람들은 나팔과 악기 소리가 나자 엎드려 왕이 만든 금 우상에게 절을 하였으나 절하지 않는 사람이 있었다. 그들이 바로 사드락, 메삭, 아벳느고였다.

평소 그들의 높은 벼슬을 질투하던 사람들이 왕에게 일러바쳤다. 그러자 화가 난 왕은 당장 그들을 불렀다. 그러나 평소 그들을 아끼던 왕은 다시 한 번 기회를 주고자 하였다.

"이제라도 너희가 나팔 소리에 맞춰 금 신상에 절을 하면 내가 모두 용서해 주겠노라."

그리 아니 하실지라도

"너희가 만일 내 호의를 거절한다면 할 수 없이 불 속에 던져 넣겠노라. 그러면 너희의 신이 너희를 구해 줄 것 같은가?"

그러나 믿음의 삼총사는 분명히 대답하였다.

"왕이여 우리가 섬기는 하나님이 계시다면 우리를 맹렬히 타는 풀무

2 벽돌 가마, 용광로, 금속을 녹이는 도가니를 말한다.

불 가운데에서 능히 건져내시겠고, 왕의 손에서도 건져내시리이다. 그렇게 하지 아니하실지라도, 왕이여, 우리가 왕의 신들을 섬기지도 아니하고 왕이 세우신 금 신상에게 절하지도 아니할 줄을 아옵소서."(단 3:17−18)

하나님이 살려 주시지 않고 죽게 내버려 두신다고 할지라도 오직 하나님을 섬기겠다는 말이었다.

왕은 호의를 베풀었으나 거절당하자 화가 머리끝까지 났다. 그래서 불을 평소보다 7배나 더 뜨겁게 하여 믿음의 삼총사를 풀무 불 속에 던져 넣었다.

그런데 전혀 예기지 않았던 일이 일어났다. 사드락, 메삭, 아벳느고를 붙들고 가던 사람들은 그 뜨거운 풀무 불에 타 죽었으나 풀무 불 속에 던져진 믿음의 삼총사는 조금도 불에 상처를 입지 않았다.

바벨론의 느부갓네살 왕이 놀라서 외쳤다. "지극히 높으신 하나님의 종 사드락, 메삭, 아벳느고야 나와서 이리로 오라."(단 3:26)

왕은 즉시 조서를 내려 누구든지 여호와 하나님에 대해 함부로 말하거나 모함하면 극형에 처하겠다고 하였으며, 그들의 벼슬을 더욱 높여 주었다.

1.2. 사자 굴에서 살아 나온 다니엘

총리가 된 다니엘

바벨론의 다리오[3] 왕은 바벨론 전체를 다스리는 3명의 총리를 두었는

3 메대 사람으로 62세에 벨사살 왕을 죽이고 바벨론의 왕이 되었다.

데, 그중의 한 명이 다니엘이었다.

바벨론 왕은 하나님을 의지하며 성실했던 다니엘을 사랑하였으며, 3명의 총리 중에서도 으뜸으로 삼고자 하였다.

음모

그러자 다니엘을 질투하던 사람들이 음모를 꾸몄다.

다니엘에게서 아무런 잘못도 발견하지 못한 그들은 다니엘이 하루에 3번씩 예루살렘을 향해 하나님께 기도드리고 있는 것을 알아냈다.

그래서 왕에게 이렇게 제안하였다. "다리오 왕이시여, 만수무강하옵소서. 저희들은 왕을 위해 한 가지 제안을 하려고 합니다. 이제부터 30일 동안은 아무도 왕 이외에는 절하거나 섬기지 못하게 하옵소서. 만약 명령을 어기면 사자 굴에 던져 넣기로 하옵소서."(단 6:6-7)

바벨론의 다리오 왕이 들어 보니 그럴듯하기도 하고 기분이 괜찮은 제안이었다. 왕은 기뻐하며 이 제안을 허락하였다.

기도하는 다니엘

그러나 다니엘은 이러한 사실을 알고도 계속 하나님께 무릎을 꿇고 기도하였다. 모함꾼들은 뛸 듯이 좋아하며 다리오 왕에게 다니엘이 왕의 명령을 어겼음을 알리고 다니엘을 잡아 사자 굴에 넣어야 한다고 간청하였다.

다니엘을 아끼던 바벨론의 다리오 왕은 그제야 다니엘에 대한 모함謀陷[4]인 줄 알았다. 다리오 왕은 이미 때가 늦었음을 알고는 다니엘에게

"사랑하는 다니엘아, 네가 믿는 하나님이 너를 구원해 주시기를 바란다." 라고 하며, 다니엘을 사자 굴에 넣게 하였다.

사자 굴 속의 다니엘

평소 다니엘을 무척 아끼던 바벨론의 다리오 왕은 식사도 하지 않은 채 뜬 눈으로 밤을 새웠다.

이튿날 이른 새벽에 일어난 다리오 왕은 사자 굴로 달려갔다. 그리고 굴을 향하여 큰 소리로 외쳤다. "다니엘아, 너의 하나님이 너를 살려 주셨느냐?"

사자 굴 속에서 다니엘이 대답하였다.

"왕이여, 원하건대 왕은 만수무강하옵소서. 나의 하나님이 이미 그의 천사를 보내어 사자들의 입을 봉하셨으므로 사자들이 나를 상해하지 못하였사오니 이는 나의 무죄함이 그 앞에 명백함이오며, 또 왕이여, 나는 왕에게도 해를 끼치지 아니하였나이다."(단 6:21－22)

왕은 너무 기뻤다. 그리고 오히려 다니엘을 모함했던 사람들을 사자 굴에 던져 넣었다.

그 후 왕은 "모든 사람들은 영원히 변치 아니하시고 참으로 살아 계신, 다니엘의 하나님을 찬양하고 경배하라."는 조서를 내렸다.(단 6:26 참고)

4 나쁜 꾀로 남을 어려운 처지에 빠지게 하다.

1.3. 해방과 성전 건축

희망

남 왕국 유다가 바벨론에 망하고, 남 왕국 유다의 지도자들은 바벨론에 포로로 잡혀가고, 백성들도 뿔뿔이 다 흩어졌다.

바벨론에 포로로 잡혀간 이스라엘 백성들은 포로 생활을 하면서 자기들의 잘못을 깨닫고 마음을 하나님께 돌렸다.

그러자 하나님이 다시 그들을 구원해 주실 것을 약속하셨고, 그들은 포로 생활을 하면서도 희망을 가지고 하나님을 의지하며 살았다.

해방령

드디어 때가 왔다. 바벨론 제국은 기원전 539년에 바사[5] 왕 고레스에게 멸망당하였다.

하나님은 바사의 고레스[6] 왕의 마음을 움직여 포로 해방령을 내리게 하였다.

드디어 이스라엘 백성들은 70년 만에 해방되어 고국으로 귀환하게 되었다.

5 고대 이란에 있었던 국가. '페르시아Persia'의 음역어 '파사波斯'를 성경에서 이르는 말이다.
6 바사(페르시아) 제국의 왕(재위 B.C. 546– 529년)으로, B.C. 539년에 바벨론을 정복한 후 포로로 잡혀 온 유대인들이 예루살렘으로 돌아가 성전을 재건하도록 허락한 왕이다.

성전 건축

예루살렘으로 돌아온 이스라엘 사람들은 제일 먼저 성전 건축을 서둘렀다. 성전 건축은 건축을 방해하는 무리들로 인하여 한때 중단되기도 하였었다.

그들은 최선을 다하였고, 기원전 515년에 성전 건축은 완성되었다.

그들이 성전 건축을 제일 먼저 서두른 이유는 모든 삶이 성전 중심의 생활이기에 무엇보다도 성전이 가장 먼저 필요하였기 때문이다.

어려운 포로 생활 가운데에서도 하나님을 믿는 믿음이 있었기에 이스라엘 민족이 고난과 역경을 이겨 낼 수 있었던 것이다.

포로로 잡혀갈 때의 눈물과 포로 생활의 서러움이 해방과 성전 건축으로 인하여 기쁨과 감격의 눈물로 바뀌는 순간이었다.

살펴보기

1. 일제강점시대나 6·25 전쟁 때 죽음도 겁내지 않고 신앙을 지킨 분들에 대해 알아보고 살펴봅시다.

2. 바벨론에서 귀향한 그들이 제일 먼저 성전을 건축한 일과 청교도들이 아메리카 대륙으로 건너가 제일 먼저 교회를 세운 일을 비교하여 이야기해 봅시다.

3. 우리나라 통일을 위해 미리 준비할 일은 무엇일까 살펴봅시다.

2. 예언자를 통해 말씀하시는 하나님

2.1. 말씀을 전하는 예언자

예언자

예언자豫言者(선지자)들은 기원전 8세기(왕이 세워진) 이후부터 이스라엘 백성들이 어려운 상황을 맞이할 때마다, 하나님의 말씀을 이스라엘 백성들에게 대신 전달하는 대언자代言者 역할을 담당하였다. 또한 하나님께 백성들을 위하여 중보기도를 하는 자이기도 하였다.

예언자들은 현실의 삶을 바르고 정확하게 보기에 미래를 앞당겨 보는 선지자先知者들이다. 예언자들은 하나님의 지시를 받아서 이스라엘 백성들 앞에서 외치는 사명을 감당하였다.

정의의 예언자[1] 아모스[2]

북 왕국 이스라엘은 매우 부패한 상태로 빈부 격차가 심했고, 재판도 뇌물을 통하여 무전유죄無錢有罪, 유전무죄有錢無罪 상황이 되어 있었다. 더구나 종교까지 타락하여 하나님께 드리는 제사도 형식적인 것이 되어 버렸다.

하나님의 정의

북 왕국 이스라엘 백성이 살 수 있는 길은 오직 하나님을 찾고 하나님의 정의正義가 실현되기를 기다리는 일뿐이었다.

하나님은 예언자 아모스를 통해 이렇게 말씀하셨다.

"너희는 나를 찾으라. 그리하면 살리라."(암 5:4)

"너희의 허물이 많고 죄악이 무거움을 내가 아노라."(암 5:12)

"오직 정의를 물같이, 공의를 마르지 않는 강같이 흐르게 할지어다."(암 5:24)

사랑의 예언자 호세아

호세아는 여로보암 2세(재위 B.C. 790년경−750년경) 말기부터 활동했던 예언자로 하나님이 호세아의 가정을 본으로 삼아 하나님의 사랑을 전하도록 선택한 사랑의 예언자였다.

1 하나님의 말씀과 뜻을 백성들과 왕에게 알려 주는 사람이다. 선지자, 하나님의 대언자, 백성을 위한 중보자였다.
2 기원전 8세기에 활동한 예언자(선지자)로, 남 왕국 출신으로 북 왕국 이스라엘로 올라가 예언 활동을 하였다.

호세아는 몸을 파는 여자인 고멜을 아내로 삼아 자녀를 낳았다. 하지만 그 아내는 자주 남편을 버리고 가출하였다.[3]

이런 아내를 다시 데려오라는 하나님의 말씀에 순종한 호세아를 통해서, 하나님은 우상을 숭배하며 당신을 버리고 이방 신을 섬기는 이스라엘 백성들을 다시 품으시길 원하시는 하나님의 사랑을 보여 주었다.

눈물의 예언자 예레미야

예레미야는 남 왕국 유다의 요시야 왕(재위 B.C. 640–609)[4] 때부터 활동한 예언자로, 왕 앞에서도 그 잘못을 꾸짖고 담대히 하나님의 말씀을 전한 예언자였다.

예언자 예레미야는 요시야 왕을 이어 그의 아들 여호야김이 왕이 되었을 때 왕에게 이렇게 말하였다.

"네 아버지가 먹거나 마시지 아니하였으며, 정의와 공의를 행하지 아니하였느냐? 그 때에 그가 형통하였었느니라. 그는 가난한 자와 궁핍한 자를 변호하고 형통하였나니 이것이 나를 앎이 아니냐? 여호와의 말씀이니라."(렘 22:15–16)

희망을 예언하다

예언자 예레미야는 바른 말만 하였기에 제사장에게 폭행을 당하고 감옥에 갇히는 등 많은 고통과 아픔을 당하였다.

3 삼남매를 낳은 후에도 가정을 버리고 다른 남자에게 갔다. 그러나 호세아는 고멜의 몸값으로 많은 돈을 지불하며 다시 아내로 데리고 온다.

4 남 왕국 유다의 16대 왕으로 선군善君이었다.

이러한 아픔 속에서 예레미야는 '애가哀歌'[5]를 기록하여, 하나님의 아픔과 자신의 눈물을 표현하였다.

하지만 그의 눈물 속에서도 하나님이 사랑으로 이스라엘을 품어 주실 것이라는 확신에 찬 예언을 했던 희망의 예언자였다.

2.2. 메시아를 예언한 예언자

이사야

이사야는 예언자 호세아와 거의 같은 시대에 활동한 예언자였다. 그는 남 왕국 유다에서 활동하였으며, 집안이 상류층으로 예루살렘에서 출생하여 그곳에서 일생을 보낸 예언자이다.

신앙의 예언자

이사야는 하나님의 정의와 영적인 힘이 마지막에는 승리를 하기에, 백성들을 향해 어떤 힘에도 의지하지 말고 오직 믿음 위에 굳건히 설 것을 부르짖은 신앙의 예언자였다.

"만일 너희가 굳게 믿지 아니하면 너희는 굳게 서지 못하리라."(사 7:9)

5 '큰 소리로 높이 운다.', '슬피 운다.'라는 말로, 예레미야의 눈물의 기도가 담긴 책을 '예레미야애가'라고 한다.

이사야의 메시아 예언

이사야는 메시아[6]의 탄생을 처음으로 분명하게 밝힌 예언자였다. 그는 기원전 8세기에 이스라엘이 앗수르의 위협을 받고 있을 때, 평화의 왕이 탄생하여 영원히 다스리게 될 것이라고 예언하였다.

다윗이 백성들에게 누리게 했던 그 평화와 안전한 번영을 장차 올 구원의 왕이 다시 이룰 것이라고 하였다.

"이새의 줄기에서 한 싹이 나며 그 뿌리에서 한 가지가 나서 결실할 것이요."(사 11:1)

메시아 사상

예언자들이 정의와 사랑을 부르짖었으나, 정의는 땅에 떨어지고 부정과 부패가 성행하였다.

다윗 왕이 죽은 후부터 이스라엘의 정국은 어지러워져서 메시아에 대한 희망이 부풀어 있었다. 백성들은 다윗의 후손 중에서 장차 왕이 나와, 이스라엘의 각 지파들을 다시 통일시키고 예루살렘을 회복시켜 줄 것을 꿈꾸었다.

나라가 없어진 이후로는 왕들에게 걸었던 희망이 미래에 나타날 이상적인 왕, 곧 메시아에게로 옮겨갔다. 이러한 과정을 거치면서 메시아 사상은 싹트고 발전하였다.

이 장엄한 메시아의 예언을 예언자 이사야가 하였다.

6 히브리어(구약 성경을 기록한 글) 단어이며, 헬라어로는 '그리스도'이다. '기름 부음을 받은 자'라는 뜻으로 구원자 예수를 지칭하는 말이다.

미가

미가는 예언자 이사야와 같은 시대, 같은 남 왕국 유다에서 활동한 예언자였다.

예언자 이사야가 상류층 출신이었던 반면, 예언자 미가는 농촌의 빈민 출신이었다. 따라서 예언자 미가는 농민들과 빈민 계급에 속한 사람들에게 깊은 관심과 동정을 가지고 있었다.

"그들이 침상에서 죄를 꾀하며 악을 꾸미고, 날이 밝으면 그 손에 힘이 있으므로 그것을 행하는 자는 화 있을진저! 밭들을 탐하여 빼앗고 집들을 탐하여 차지하니 그들이 남자와 그의 집과 사람과 그의 산업을 강탈하도다. 그러므로 여호와의 말씀에 내가 이 족속에게 재앙을 계획하나니……"(미 2:1−3)

미가의 예언

하나님은 의로우신 분이여서, 불의를 행하며 하나님의 말씀을 거역하는 북 왕국 이스라엘은 그들의 죄악으로 인해 곧 멸망할 것이라고 미가는 예언하였다.

그 영향은 남 왕국 유다에게도 미쳐 유다 역시 멸망할 것이라고 예언하며, 하나님께로 돌아올 것을 호소하였다.

미가의 예언 사상은 아모스의 정의, 호세아의 사랑, 이사야의 신앙을 모두 합친 사상이었다.

이러한 미가의 사상을 잘 나타내는 말씀 중의 하나이다.

"사람아 주께서 선한 것이 무엇임을 네게 보이셨나니, 여호와께서 네게 구하시는 것은 오직 정의를 행하며, 인자를 사랑하며, 겸손하게 네 하나님과 함께 행하는 것이 아니냐?"(미 6:8)

미가의 메시아 예언

미가는 기원전 8세기의 마지막 예언자로 메시아 예언을 아주 구체적으로 하였다.

"베들레헴 에브라다야, 너는 유다 족속 중에 작을지라도 이스라엘을 다스릴 자가 네게서 내게로 나올 것이라. 그의 근본은 상고에, 영원에 있느니라."(미 5:2)

메시아는 유다 지파의 땅, 베들레헴[7]에서 태어난다고 장소까지 분명히 예언한 말씀이다.

2.3. 시편의 메시아 예언

시편에 나타난 예언

메시아 예언은 시편에서도 나타나고 있다.

시편 2편, 21편, 22편, 45편, 72편, 87편, 89편, 96편, 100편, 132편 등에서 살펴볼 수 있다.

"내가 여호와의 명령을 전하노라. 여호와께서 내게 이르시되 너는 내 아들이라 오늘 내가 너를 낳았도다. 내게 구하라 내가 이방 나라를 네

7 예수가 탄생한 곳이며 '떡집'이란 뜻을 가졌고, 예루살렘 남서쪽 약 10km 지점에 있으며, 해발 777m의 산악 지대에 동굴이 벌집처럼 많은 석회암 언덕의 비탈에 있는 마을. 에브라다는 베들레헴의 옛 이름이다.

유업으로 주리니, 네 소유가 땅 끝까지 이르리로다. 네가 철장으로 그들을 깨뜨림이여 질그릇같이 부수리라 하시도다."(시 2:7-9)

"여호와께서 다윗에게 성실히 맹세하셨으니 변하지 아니하실지라. 이르시기를 네 몸의 소생을 네 왕위에 둘지라."(시 132:11)

"내가 거기서 다윗에게 뿔이 나게 할 것이라. 내가 내 기름 부음 받은 자를 위하여 등을 준비하였도다. 내가 그의 원수에게는 수치를 옷 입히고 그에게는 왕관이 빛나게 하리라 하셨도다."(시 132:17-18)

살펴보기

1. 예언자들이 전한 메시지에 대하여 살펴봅시다.

2. 요시아 왕의 업적에 대하여 조사하여 봅시다.

3. 메시아 사상과 그 예언에 대하여 살펴봅시다.

3. 구원하시는 하나님

3.1. 유대인을 구원하시는 하나님

에스더

바사(페르시아)[1]의 아하수에로Xerxes 왕(재위 B.C. 486−465) 때에, 왕후 와스디가 아주 교만하여 왕의 말을 잘 듣지 않자, 왕후를 쫓아내고 새로운 왕후를 뽑는 일이 일어났다.

그때에 이 나라에는 많은 유대인들이 포로로 잡혀 와 살고 있었다. 유대인 중에 인물이 곱고 아름다우며 하나님을 잘 섬기는 에스더라고 하는 여인이 왕후로 뽑혔다.

1 '페르시아Persia'의 음역어 '파사波斯'를 성경에서 이르는 말. 동쪽은 갈마니아, 서쪽은 수사, 남쪽은 바사 만, 북쪽은 메대를 경계로 한 나라로 오늘날의 이란이다.

모르드개

에스더에게는 사촌 오빠 모르드개가 있었다. 부모가 없는 어린 에스더를 자기 딸처럼 여기고 믿음으로 잘 키운 모르드개는 궁궐을 지키는 궁궐 문지기였다.

어느 날 모르드개는 궁궐 문에서 근무 중에 왕의 내시인 빅단과 데레스가 왕을 암살하려고 음모를 꾸미는 것을 알게 되었다. 그는 그 사실을 왕후 에스더에게 알려 주었고 그로써 왕 아하수에로는 죽음을 면할 수 있었다.

하만의 음모

하만은 바사 나라의 총리로 아주 교만한 사람이었나. 그는 높은 지위 때문에 궁궐을 출입할 때마다 궁궐 문지기들로부터 엎드려 절을 받곤 하였다.

하지만 모르드개는 하나님 외에는 절하지 않는다는 굳건한 신앙을 가지고 하만에게 절을 하지 않았다. 그렇지 않아도 유대인들이 눈엣가시였던 하만은 이 기회에 유대인들을 다 죽이려고 음모를 꾸몄다.

죽으면 죽으리이다

왕후 에스더는 모르드개를 통하여 이 사실을 알게 되었다.

왕후 에스더는 자기 동족들을 죽이려고 하는 이 음모 때문에 마음이 편안할 수가 없었다. 하지만 왕에게 가서 이 일을 알릴 수도 없었다. 법에 의하면 왕이 부르지 않았는데 왕후가 왕 앞에 불쑥 나가면 죽음을 당할 수도 있었기 때문이다.

승리한 에스더

에스더는 3일간 금식 기도를 한 후 "죽으면 죽으리이다." 하며 왕 앞에 나아갔다.

왕은 뜻밖에도 기뻐하면서 에스더를 맞아 주었다. 그러자 에스더는 왕을 위하여 잔치를 열겠다며 왕과 함께 하만을 초청하였다.

잔치자리에서 기분이 좋아진 왕은 에스더에게 이렇게 말하였다.

"왕후 에스더여, 그대의 소원이 무엇이며 요구가 무엇인가? 나라의 절반이라도 그대에게 주겠노라."(에 5:3)

에스더는 유대인들이 당한 억울함과 하만의 음모를 다 이야기하였다.

화가 난 왕은 당장 하만을 죽이고, 하만의 음모로 내려진 명령을 취소하였다. 그래서 모든 유대인들은 구원 받게 되었다.

유대인들은 이 날을 기념하여 부림절[2]로 지키고 있다.

3.2. 이방인을 구원하시는 하나님

요나

하나님은 아밋대의 아들 요나[3]를 부르셨다.

"너는 일어나 저 큰 성읍 니느웨[4]로 가서 그것을 향하여 외치라. 그

2 유대력으로 마지막 달인 아달월 14-15일에 지키는 유대인의 절기로, 유대인을 멸절시키려는 하만의 음모로부터 구원 받은 것을 기념하여 지키게 된 절기이다.

3 북 왕국 이스라엘 여로보암 2세 때 활동한 예언자. 구약 최초의 이방 선교사.

악독이 내 앞에 상달되었음이니라."(욘 1:2)

이 명령을 들은 요나는 고민에 빠졌다. 니느웨는 이스라엘을 괴롭히는 앗수르의 수도이다. 이스라엘 사람들은 니느웨가 망하였으면 하고 있었는데, 하나님께서 그곳에 가서 망하지 않게 하라니 고민하지 않을 수 없었다.

그래서 요나는 '애국심이냐? 하나님의 명령이냐?' 양자택일할 수밖에 없는 상황이 되었다.

다시스로 도망가는 요나

요나는 고민을 하다가 니느웨가 망하기를 바라면서, 니느웨의 반대 방향인 다시스[5]로 가는 배를 탔다. 그리고 하나님이 보실까봐 배의 제일 밑으로 내려가 잠을 자고 있었다.

그런데 갑자기 바다에 태풍이 불기 시작하여 배가 곧 뒤집힐 것만 같았다. 선원들은 할 수 없이 짐을 모두 버렸다. 그래도 바람은 더 세게 불었고 배는 위태로워졌다.

그러자 선원 중 한 사람이 말하였다.

"이건 누군가가 하나님을 노엽게 해서 하나님께서 화가 나셔서 이런 것일 것이다. 그러니 우리 빨리 그 사람을 찾아내자."

그리하여 제비를 뽑게 되었고 요나가 뽑혔다. 요나는 그들에게, "내가 하나님의 명령을 어기고 도망했기에 이 폭풍이 일어난 것이다. 그러니 나를 바다에 던지라"라고 말하였다.

4 앗수르 제국의 최후의 동방 수도로 티그리스 강 상류, 오늘날의 바그다드로부터 북으로 약 40km 떨어진 모술(이라크에 있음) 맞은편에 자리 잡고 있었던 고대 도시.
5 서바나(스페인) 남방 지중해 연안에 있는 중요한 무역 시장의 항구 도시이다.

선원들은 배를 구하려고 애를 썼지만 바다가 잠잠하여 지지 않자 할 수 없이 요나를 바다에 던졌다.

물고기 배 속에서

요나가 바다에 던져지자 바람은 곧 잔잔해졌다. 하나님은 커다란 물고기를 준비해 두셨다. 그리고 그 물고기로 하여금 요나를 산 채로 삼키게 하셨다. 요나는 물고기 배 속에서 자기의 잘못을 뉘우치고 회개의 기도를 드렸다. 그러자 물고기는 3일 만에 해변에다가 요나를 토해 내었다.

니느웨로 간 요나

그때 다시 요나에게 하나님의 음성이 들렸다.

"일어나 저 큰 성읍 니느웨로 가서 내가 네게 명한 바를 그들에게 선포하라."(욘 3:2)

요나는 니느웨에 가서 하나님의 말씀을 전하였다.

구원 받은 니느웨

요나의 외침을 들은 니느웨 사람들이 하나님을 믿고 굵은 베옷을 입고 금식을 하며 회개하기 시작하였다.

왕도 굵은 베옷을 입고 회개하며 조서를 내렸다.

"사람이나 짐승이나 아무것도 먹지 말며 악행을 그치고 하나님께 힘써 부르짖으며 회개하라."

그러자 하나님은 그들이 악한 길에서 떠난 것을 보시고 재앙을 내리지 아니하셨다.

하나님은 유대인만 아니라 이방인도 구원하여 주시는 분이심을 알 수 있다.

3.3. 우리를 구원하시는 하나님

구원해 주시는 하나님

참 좋으신 하나님은 이 세상 만물을 창조하셨을 뿐만 아니라 역사를 주관하시며 우리의 삶을 인도하시는 하나님이시다.

또한 우리를 구원해 주시는 하나님이시다.

우리의 선택

아버지의 재산을 가지고 집을 나간 탕자가 가진 돈을 다 쓰고 노숙자 생활을 하다가 돌아왔다.(눅 15:11-32 참고)

돌아온 아들은 집에 와서 아버지에게 아들의 자격이 없으니 품꾼의 하나로 써 달라고 하였다. 그러나 아버지는 들은 척도 하지 않고, 소를 잡고 잔치를 베풀면서 죽었다가 살아온 아들이라며 기뻐하였다.

하나님은 우리들을 사랑하시기에 예수 그리스도를 보내주셨고 지금도 우리를 구원하기 위하여 기다리고 계신다.

우리는 이 기다림과 부르심을 외면할 때, 세상의 모든 걱정과 근심, 고통과 허무 속에서 살게 되고, 마지막에 가서는 죽음으로, 멸망으로 인생을 끝내게 된다.

우리가 하나님을 믿고 성경 말씀에 순종할 때, 하나님은 우리의 앞길을 인도해 주신다. 걱정과 근심, 슬픔의 눈물 대신에 하나님은 우리에게 감격과 감사와 기쁨의 삶을 살도록 도와주신다. 하나님은 우리의 삶이 죽음으로 끝나는 것이 아니라, 죽음을 넘어 부활하여 영원히 살 수 있는 영생의 길로 인도해 주신다.

살펴보기

1. 우리나라에도 부림절에 해당되는 명절이 있는지 살펴봅시다.

2. 요나가 "니느웨 성에 가서 외치라."라는 하나님의 명령을 어기고 왜 도망갔는지 그 고민에 대해서 살펴봅시다.

3. 탕자의 비유(눅 15:11–32)를 찾아 읽어 보고 거기에 나타난 아버지의 사랑을 살펴봅시다.

제7부

예수 그리스도의 생애

1. 세상에 오신 예수
2. 고난 받으신 예수
3. 부활하신 예수
4. 다시 오실 예수

1. 세상에 오신 예수

1.1. 예언 성취

팔레스타인

팔레스타인은 예수가 태어나고 자라고 생활하며 활동한 곳이다. 하나님은 이 지역을 선택하셔서 온 인류를 구원하기 위한 위대한 일을 시작하셨다.

팔레스타인은 지중해를 동쪽으로 끼고 있으며 우리나라의 강원도 정도의 크기로, 북쪽에는 갈릴리 호수가 있어서 그 주변에는 어업에 종사하는 사람이 많이 살고 있다.

정치적 상황

예수가 활동하던 시대의 팔레스타인[1]은 기원전 63년경부터 로마의 식민지가 되었다. 로마 제국은 유대인인 헤롯을 유다의 왕으로 세워 팔레스타인을 다스리게 하였으며, 헤롯은 자기의 정권을 유지하기 위해 수단과 방법을 가리지 않는 폭군이었다.

메시아 사상

이스라엘 백성은 이러한 폭군 헤롯 왕과 로마 제국으로부터 견디기 어려운 시련을 당하면 당할수록 성경에 예언된 자신들을 구원해 줄 메시아가 곧 오시리라고 기대하고 있었다.

메시아Messiah란 그리스어로 번역하면 '크리스토스Christos', 즉 '그리스도'라는 단어로 '구세주救世主', '기름 부음[2]을 받은 자'라는 뜻을 가지고 있다.

구약 성경의 예언

메시아에 대한 약속과 예언들[3]은 구약 성경에 잘 나타나 있으며, 그 가운데 유명한 예언은 다음과 같다.

"그러므로 주께서 친히 징조를 너희에게 주실 것이라. 보라, 처녀가

1 현재 이스라엘 중심으로 한 지중해의 동해안 일대를 가리키며, 성경에는 가나안으로 표현되고 있다. 아브라함을 비롯한 이스라엘의 조상이 이주와 투쟁을 통하여 정복한 지역이다. 로마의 지배가 시작되면서 이스라엘 사람들은 세계 여러 곳으로 흩어져 살다가, 2차 대전 후 1948년 강대국들의 도움에 의해 다시 이 땅에 나라를 건국하면서 팔레스타인과의 분쟁이 계속 일어나고 있다.

2 이스라엘에서는 제사장, 왕을 임명할 때 감람유(올리브유)를 머리에 붓는 의식을 하였다.

3 예수의 탄생과 죽음, 부활은 구약 성경의 여러 곳에서 예언되었고, 예수의 생애에서 성취되었다.

잉태하여 아들을 낳을 것이요. 그의 이름을 임마누엘이라 하리라."(사 7:14)

"베들레헴[4] 에브라다야 너는 유다 족속 중에 작을지라도 이스라엘을 다스릴 자가 네게서 내게로 나올 것이라. 그의 근본은 상고에, 영원에 있느니라."(미 5:2)

이 예언의 말씀들은 메시아가 이 세상에 오실 때에, 동정녀童貞女[5]의 몸을 통하여 성령의 능력으로 베들레헴에서 태어나실 것을 예언하고 있다.

고난의 종

하나님이 이스라엘 백성에게 보내주시기로 약속한 메시아는 이스라엘 백성들이 기대하고 있던 메시아가 아니었다.

이스라엘 백성은 로마의 식민지 지배와 헤롯의 못된 정치로부터 자신들을 구원하고 해방시켜 줄 옛 성군 다윗 왕과 같은 메시아가 오실 것이라고 기대하고 있었다.

하지만 하나님은 이사야 예언자의 말씀을 통하여, 장차 올 메시아는 이런 분이라고 가르쳐 주셨다.

"그가 찔림은 우리의 허물 때문이요. 그가 상함은 우리의 죄악 때문이라. 그가 징계를 받으므로 우리는 평화를 누리고, 그가 채찍에 맞으므로

4 예수가 태어난 곳으로, '떡집'이란 뜻을 가졌으며, 예루살렘 남서쪽 약 10km 지점. 해발 777m의 산악지대에 동굴이 벌집처럼 많은 석회암 언덕의 비탈에 있다. 에브라다는 베들레헴의 옛 이름이다.

5 결혼을 하지 않은 처녀를 말하며, '성모 마리아'를 이르는 말이다. 예수 그리스도의 동정녀 탄생은 하나님의 전능하심을 입증하며, 기독교에서는 동정녀 탄생의 교리를 진정한 기독교 신앙의 기본으로 여긴다.

우리는 나음을 받았도다."(사 53:5)

하나님이 약속한 메시아는 세상 사람들에게 영광을 받고 높임을 받는 분이 아니라, 고난을 받는 종으로 오신다 하였다.

예수 그리스도

'예수 그리스도'라는 말은 '예수는 그리스도이다.(Jesus is Christ)' 곧 '그리스도로서의 예수(Jesus as Christ)'라는 서술형 표현이 고유 명사화되어 사람의 이름으로 불려지는 아주 특별한 경우이다.

1.2. 탄생과 성장

새 기원

예수[6] 그리스도는 지금으로부터 약 2,000년 전에 유대 땅 베들레헴에서 탄생하셨다. 성경에 예언된 대로 성령으로 잉태되어 동정녀 마리아의 몸을 통하여 태어나셨다.

예수의 탄생은 세계사 안에서 찾아볼 수 있는 엄연한 역사적 사실로서, 예수의 탄생을 계기로 세계 역사의 기원이 바뀌었다.

오늘날 전 인류가 함께 사용하고 있는 시간 개념인 서력西曆 기원은 바로 예수 그리스도의 탄생을 기준으로 시작된 것이다.

즉 'B.C.'는 'Before Christ'의 약자로 '예수 그리스도의 탄생 이전'이라

6 히브리어로 '하나님은 구원자이시다.'라는 뜻이다. '예수'라는 이름은 유대인들 사이에 아주 흔하게 쓰인 이름 중 하나이다.

는 말이고, 'A.D.'는 라틴어 'Anno Domini'의 약자로 '예수 그리스도의 탄생 이후'라는 뜻이다.

구유

로마 황제 아우구스투스Augustus(재위 B.C. 27−A.D. 14)[7]는 로마 제국 전 지역에 호적 등록을 철저히 하라는 명령을 내렸다. 그래서 온 나라 안의 모든 사람들은 제각기 호적을 등록하기 위하여 자기의 고향으로 돌아갔다.

요셉은 다윗의 후손이었기 때문에 호적을 등록하러 마리아와 함께 갈릴리 지방 나사렛에서 다윗 왕[8]의 출생지인 베들레헴으로 갔다.

두 사람이 베들레헴에 도착했을 때, 마리아는 해산할 날이 다 되었었다. 거처할 여관은 모두 차 있었고 머무를 곳이 없었기에, 마구간에서 아기 예수를 낳았다. 마리아는 아기 예수를 포대기에 싸서 구유[9]에 눕혔다.

목자들의 경배

그날 밤, 마을 근처의 들에서는 양을 치던 목자들이 밤을 새워 가며 양 떼를 보살피고 있었다. 그때 갑자기 천사가 나타났다. 이를 본 목자들은 너무나 무서워 벌벌 떨었다. 그 천사는 목자들에게 이렇게 말하였다.

7 로마 제국의 제 1대 황제이다.
8 이스라엘의 2대 왕으로 이스라엘을 가장 막강한 강대국으로 번영시켰다. 이스라엘 사람들은 항상 다시 다윗 왕과 같은 인물이 나타나 자신들을 어려움에서 구원해 줄 것으로 믿고 있었다.
9 말과 같은 가축의 여물(먹이)을 담는 넓은 통을 말한다.

"무서워하지 말라. 보라, 내가 온 백성에게 미칠 큰 기쁨의 좋은 소식을 너희에게 전하노라. 오늘 다윗의 동네에 너희를 위하여 구주가 나셨으니, 곧 그리스도 주시니라. 너희가 가서 강보에 싸여 구유에 뉘어 있는 아기를 보리니, 이것이 너희에게 표적이니라."(눅 2:10-12)

이때에 갑자기 하늘 군대가 나타나 천사와 함께 하나님을 찬양하였다.

"지극히 높은 곳에서는 하나님께 영광이요. 땅에서는 하나님이 기뻐하신 사람들 중에 평화로다."(눅 2:14)

천사들이 돌아간 후에 목자들은 천사들이 말한 대로 베들레헴으로 가서 마리아와 요셉과 구유에 누워 있는 아기 예수를 만나 경배하였다.

동방 박사[10]

먼 동방에서 별을 연구하던 박사들이 메시아의 탄생을 알려 주는 별의 움직임을 보고 예루살렘에 도착하였다.

동방에서 온 박사들이 메시아를 만나려고 헤롯 왕에게 찾아가 묻자 헤롯 왕은 깜짝 놀라면서 박사들에게, "그 아기를 찾거든 나도 가서 경배할 것이니 자세히 알아보고 알려 달라"고 하였다.

헤롯 왕의 부탁을 듣고 박사들이 길을 떠나자 별이 다시 나타났다. 별은 그들을 인도하여 베들레헴의 아기 예수가 있는 곳으로 가더니 멈추는 것이었다. 그곳은 왕이 거하는 호화로운 궁궐이 아니라 초라한 마구간이었다.

그러나 그들은 실망하지 않고 겸손히 그 안으로 들어가 정성껏 준비

10 별을 관측하던 사람들로서, 예수를 방문한 사람들은 바사(페르시아)의 사제이며, 천문학자인 것으로 추측된다.

해 온 예물인 황금과 유향[11]과 몰약沒藥[12]을 아기 예수에게 바쳤다.

박사들은 꿈에 헤롯 왕에게 들르지 말고 바로 돌아가라는 천사의 지시를 받고서 다른 길을 통해 자기 나라로 돌아갔다.

성장

박사들이 돌아간 후에 천사는 꿈에 나타나 요셉에게, "헤롯이 아기를 찾아 죽이려 하니 일어나 아기와 그의 어머니를 데리고 애굽으로 피하여, 내가 네게 이르기까지 거기 있으라."고 말하였다. 그러자 요셉은 즉시 아기를 데리고 애굽으로 피신하였다. 그 후 예수는 애굽에서 돌아와 나사렛에서 자라고 생활하셨다.

예수는 12살이 되던 해에 애굽에서 해방된 것을 기념하는 유월절을 지키기 위하여 부모님과 함께 예루살렘을 방문하였다가, 예루살렘 성전에서 학자들과 한자리에 앉아 하나님의 말씀에 대해 토론을 하였는데, 이때 듣고 있던 많은 사람들이 소년 예수의 지혜로움에 매우 놀라기도 하였다.

예수는 키가 자라고 지혜가 날로 자라서 하나님과 많은 사람의 총애를 받게 되었고, 어른이 되어 가면서 가정에서 형제들과 누이들(마 13:55)을 부양할 책임을 지고 목수 일을 하셨다.

11 유향목에 상처를 내어 흘러내린 진액을 말려 만든 약 성분으로, 방향제나 종교 의식에 주로 사용되었다.

12 아프리카와 아라비아 반도에 자생하는 감람과 나무에 상처를 내어 채취한 천연 고무 수지로, 주로 방부제로 사용하였다.

1.3. 공생애共生涯[13]

세례[14]를 받으시다

예수께서 서른 살쯤 되셨을 때, 광야에서 낙타 털옷을 입고 허리에 가죽 띠를 띠고 메뚜기와 석청[15]을 먹으면서 하나님의 나라를 전파하는 세례 요한이라는 사람이 있었다.

세례 요한은 요단 강가에서 모여드는 사람들에게 세례를 주며, 죄를 회개하라고 선포하였고 곧 메시아가 오실 것이라고 외쳤다.

예수는 세례 요한에게 세례를 받으시고 메시아로서의 중대한 사명을 감당하기 시작하셨다.

유혹을 이기시다

예수는 세례를 받으신 후 성령의 인도로 광야에 나가 혼자 조용한 곳에서 40일간 금식하며 기도하셨다. 그 기간 동안에 마귀가 나타나 예수를 유혹誘惑, Temptation하였다.

예수가 주렸을 때 돌을 떡이 되게 하라고 마귀가 유혹하자, 예수는 "사람이 떡으로만 살 것이 아니라, 하나님의 말씀으로 살 것이다."라고 대답하셨다.

또 마귀는 "예루살렘 성전 꼭대기에서 뛰어내려라. 그러면 천사들이

13 개인의 삶보다도 국가나 사회를 위해 헌신적으로 일한 사람들의 일생을 이르는 말이다.
14 몸을 물에 완전히 담그기도 하나 대부분 머리에 물을 뿌려서 물로 죄악을 씻는 표로 정결하게 하는 의식이다. 지금 교회에서는 세례를 받음으로써 교회의 정식 구성원(입교인)이 된다.
15 벌이 산 속의 나무와 바위틈에 모아 둔 꿀을 말한다.

너를 보호할 것이다." 하며 유혹하자, 예수는 "성경은 하나님을 시험하지 말라고 말한다."라고 응답하셨다.

마귀가 "자신을 경배하면, 세상의 왕으로 만들어 주겠다."라고 유혹하자, 예수는 "오직 하나님만을 경배하라."라고 대답하셨다.

예수는 모든 유혹을 하나님의 말씀으로 물리치셨다.(마 4:1-11 참고)

열두 제자를 부르시다

예수는 온 인류를 구원하시기 위한 큰 일을 시작하시면서 자신을 도울 제자들을 부르셨다.

예수는 먼저 12제자를 부르셨는데, 이들을 사도使徒, Apostle라고 한다. '사도'라는 말은 '보냄을 받은 사람'이라는 뜻으로, 예수께서 특별히 복음을 전하기 위해서 선택한 사람들을 말한다.

갈릴리 호수에서 고기잡이 하던 베드로, 맨 처음 예수의 제자가 되었던 베드로의 동생 안드레, 급한 성격을 가졌던 야고보와 요한, 빌립, 바돌로매, 의심 많은 도마, 세관에서 세금을 받고 있다가 부름을 받은 세리[16] 마태, 알패오의 아들 야고보, 다대오, 민족주의자이며 열심당원인 시몬, 예수를 팔아 넘긴 가룟 유다가 열두 제자였다.

이들은 평범한 사람들이었지만 각기 특이한 개성을 가진 사람들이었다.

16 로마 제국의 세금을 징수하는 관리를 말한다. 대부분 정해진 세액보다 많이 징수하여 자기의 소유로 삼았기 때문에 백성들로부터 미움을 받았다.

열두 제자의 사명

예수는 열두 제자들을 불러 모으시고 그들을 세상으로 내보내시면서, "모든 귀신들을 제어하고, 병든 자를 고치며, 하나님 나라의 진리를 전파하라."라고 명령하셨다.

또한 그들에게 전도 여행을 위하여 아무것도 갖지 말며, 돈 주머니나 여분의 양식이나 옷에 관심을 갖지 말고, 각 지방을 두루 다니며 복음을 전하라고 명령하셨다.

다른 제자들을 부르시다

예수는 열두 제자들을 전도 여행 보내신 후에 다시 70명의 제자들을 선택하여, 이스라엘 지역에 둘씩 짝지어 보냈다. 이들은 전도 여행 후 기쁨으로 돌아와 하나님께 영광을 돌렸다.

여러 여인들도 예수의 제자 역할을 감당하였다. 예수가 바리새파 사람의 집에 있을 때, 한 여인은 예수를 찾아와 값비싼 향유를 담은 옥합[17]을 가져와서 예수의 발에 붓고 자기의 머리카락으로 예수의 발을 씻어 드리며 예수를 섬겼다. 헤롯 왕의 시종 구사의 아내 요안나와 수산나, 야고보의 어머니 마리아 등 다른 여인들도 예수와 그 일행을 정성으로 섬겼다.

17 옥으로 만든 뚜껑이 있는 작은 그릇으로 중요한 물건을 담는 데 사용하였다.

소외된 사람과 어린 아이들

예수가 복음을 전하던 시기에는 사회적으로 천대받고 멸시를 받는 '소외된 사람들'이 많이 있었다. 그들은 세리와 죄인들, 부정한 병에 걸린 사람들과 이방인들이었다. 예수는 이러한 외롭고 어렵고 살기 힘든 사람들과 가까이 하였으며 그들을 위로하고 격려하셨다.

예수는 어린 아이들에게도 안수按手[18]하며 축복해 주셨다. 이때에는 어린 아이들이 지금처럼 사람으로 대접 받지 못하던 때였다. 한번은 사람들이 어린 아이들을 데리고 예수에게 와서 손을 얹어 축복해 주시기를 청하였다. 그러자 제자들이 나서서 그들을 꾸짖었다. 그때에 예수는 제자들을 나무라시면서 말씀하셨다. "어린 아이들을 용납하고 내게 오는 것을 금하지 말라. 천국이 이런 사람의 것이니라."(마 19:14)

18 '손을 머리에 얹는다.'는 뜻으로 스승이 제자에게, 제사장이 제물에, 목사가 교인들에게 머리에 손을 얹어 축복하는 의식을 말한다.

살펴보기

1. 예수가 탄생하실 때에 있었던 사건들에 대해서 살펴봅시다.

2. 예수의 12제자의 이름과 각 사람의 특징을 살펴봅시다.

3. 예수의 공생애에서 가장 기억에 남는 부분에 대하여 살펴봅시다.

2. 고난 받으신 예수

2.1. 예루살렘 입성

나귀를 타심

예수는 유대인들이 애굽에서 해방된 것을 기념하는 유월절을 지키기 위하여 예루살렘[1] 근처 벳바게와 베다니에 이르렀다.

그때 예수는 두 제자를 마을로 보내며 이렇게 말씀하셨다.

"너희는 맞은편 마을로 가라. 그리로 들어가면 곧 아직 아무도 타 보지 않은 나귀 새끼가 매여 있는 것을 보리니, 풀어 끌고 오라. 만일 누가 너희에게 왜 이렇게 하느냐 묻거든 주가 쓰시겠다 하라. 그리하면 즉시 이리로 보내리라."(막 11:2-3)

1 이스라엘의 정치적 수도이다. '평화의 도시'라는 뜻을 가지고 있다. 지금은 기독교, 유대교, 이슬람교의 성지이며, 분쟁이 끊이지 않는 곳이다.

제자들이 가 보니 과연 어린 나귀가 매여 있었다. 제자들은 예수가 지시하신 대로 어린 나귀를 끌고 와서 그 위에 겉옷을 얹었고, 예수는 그 나귀를 타셨다.

호산나

많은 사람들은 예수가 예루살렘에 들어온다는 말을 듣고서 자기들의 겉옷을 길에 펴며 예수를 맞이하였다.

또 어떤 사람들은 종려나무 가지를 꺾어 길에 펴기도 하고 흔들면서 이렇게 외쳤다.

"호산나[2] 찬송하리로다. 주의 이름으로 오시는 이여!"

많은 사람들이 환호하며 예수를 따랐으며, 온 예루살렘 성이 흥분의 도가니가 되었다. 왜냐하면 자신들이 오랫동안 기다리던 메시아가 오셨고, 자신들을 모든 억압과 압제에서 해방시켜 줄 것으로 믿었기 때문이다.

성전을 깨끗하게 하시다

예루살렘으로 오신 예수는 성전으로 가셨다. 성전에는 세계 각처에 흩어져 생활하다가 유월절 절기에 모여든 유대인들에게 소나 양, 비둘기 같은 제물을 팔기 위해 정신이 없는 장사꾼들로 가득 차 있었다.

2 '구하오니 이제 구원하옵소서.'라는 뜻을 가진 히브리어로 왕을 찬양할 때 외치는 소리이다.

성전은 짐승들의 우는 소리와 배설물로 인하여 추악한 냄새로 더럽혀졌고, 환전상換錢商들의 호객 소리 때문에 마치 시장처럼 소란스러웠다.

이때 예수는 상인들을 쫓아내시고 환전상들의 상과 제물을 파는 자들의 의자를 둘러엎으며 단호하게 말씀하셨다.

"내 집은 만민이 기도하는 집이라 칭함을 받으리라고 하지 아니하였느냐, 너희는 강도의 소굴을 만들었도다."(막 11:17)

제사장들과 유대인들의 음모

제사장들과 유대인들은 예수가 성전을 깨끗하게 하는 동안 사람들의 존경을 받고 있는 예수를 죽이기 위해 음모를 꾸미며 기회를 엿보고 있었다.

2.2. 최후의 만찬

발을 씻겨 주심

무교절無酵節[3]에는 유월절逾越節[4] 음식을 먹는 날이다. 예수는 이날 저녁 제자들과 함께 큰 다락방에 모였다.

예수는 유월절 음식을 먹기 전 식탁에서 일어나 겉옷을 벗고 수건을 허리에 두르시고는 대야에 물을 떠서 제자들의 발을 차례대로 씻기기

3 유월절 첫날에 해당하는 절기로, 발효되지 않은 빵, 즉 누룩을 넣지 않고 만든 빵을 먹는 날이다.

4 '유월'이라는 말은 '지나치다.' '넘어가다.'라는 뜻이다. 유월절은 이스라엘 백성이 애굽을 탈출할 때 어린 양의 피를 문설주에 발라 장남이 죽는 재앙을 피하고 탈출하게 된 것을 기념하는 유대인의 축제절기이다.

시작하셨다.

베드로는 자기 차례가 되자 "제 발은 결코 씻지 못하십니다." 하고 거부하기도 하였다.

예수는 베드로를 포함한 모든 제자들의 발을 씻겨 주신 후에 이렇게 말씀하셨다.

"내가 너희에게 씻겨 주고 겸손히 본을 보였듯이, 너희들도 다른 사람을 위한 종이 되어야 한다."(요 13:1-17 참고)

성만찬

예수는 몇 시간 후에 다가올 십자가의 고난을 눈앞에 두고 비장한 마음으로 제자들과 함께 식사를 하시면서 떡을 들어 축복하시고 떼어 나누어 주시면서 말씀하셨다.

"받으라. 이것은 내 몸이니라."(막 14:22)

이어서 포도주 잔을 들어 감사 기도를 하신 후, 제자들에게 주시며 이렇게 말씀하셨다.

"이것은 많은 사람을 위하여 흘리는 나의 피 곧 언약의 피니라."(막 14:24)

이것은 예수께서 지상에서 하신 마지막 식사였다.

이 식사는 예수께서 십자가에 달려 살이 찢기고, 피를 흘리실 것을 암시하신 것으로 오늘날까지 예수를 믿고 따르는 곳에서는 어디서나 기념하여 지켜지고 있다. 이것이 바로 성찬식이다.

2.3. 체포되심

겟세마네의 기도

예수는 만찬을 마친 후 제자들과 함께 찬미의 노래를 부르며 감람 산으로 올라가셨다.

베드로는, 예수가 오늘 밤 닭이 울기 전에 너는 나를 세 번이나 부인하리라고 감람 산으로 올라가시며 말씀하자, 죽는 한이 있더라도 부인하지 않겠다고 장담하였다.

예수는 이 겟세마네 동산[5]에서 땀이 핏방울이 되도록 기도하셨다.

"아버지여, 아버지께서는 모든 것이 가능하오니 이 잔을 내게서 옮기시옵소서. 그러나 나의 원대로 마옵시고 아버지의 원대로 하옵소서."

예수는 간절히 기도하셨으나 제자들은 자고 있었다.

유다의 배반

예수에게 열두 제자 중 하나인 유다가 대제사장[6]과 백성들의 원로들이 보낸 사람들과 함께 몰려왔다. 그들의 손에는 칼과 몽둥이가 있었다.

유다는 예수에게 입을 맞추며 인사를 하였다. 그러나 그것은 암호였다. 무리가 달려들어 예수를 붙잡았다.

그러자 베드로가 칼을 빼어 제사장의 종의 귀를 쳐서 잘라버렸다. 하지만 예수는 말리시며 그 종의 귀에 손을 대어 고쳐 주시며 말씀하셨다.

5 예루살렘 동쪽 감람 산의 서쪽 기슭에 있는 동산.
6 제사장의 우두머리이다.

"네 칼을 도로 칼집에 꽂으라. 칼을 가지는 자는 다 칼로 망하느니라."(마 26:52)

잡히시고 재판을 받으시다

이때 제자들은 예수를 버리고 모두 달아났다. 예수는 잡히신 후에 대제사장 가야바 앞으로 끌려가셨다. 제사장과 온 유대 의회 사람들이 예수를 사형에 처하게 하려고 온갖 증거를 찾으려 했으나 찾지 못하고 있었다.

예수는 심문을 받으셨지만 그들이 자신을 죽이려고 계획해 놓고 그 구실만 찾는다는 것과, 십자가를 지는 것이 하나님의 뜻이라는 것을 알고 계셨기에 아무런 대답도 하지 않으셨다.

두 가지 죄목

예수에게 그들은 중상모략을 하며 억지로 두 가지 죄목을 씌웠다.

하나는 하나님을 모독하였다는 종교적인 죄요, 다른 하나는 로마 정부에 반역을 하고 폭동을 일으키려고 하였다는 정치적인 죄였다.

베드로의 배반

예수가 재판을 받는 동안, 베드로와 또 다른 제자가 예수를 따라와 대제사장의 집 안뜰까지 들어와 있었다.

그때에 한 사람이 와서 베드로에게 말하였다.

"당신도 저 사람의 제자가 아닙니까?"

베드로는 아니라고 부인하였다.

또 한사람이 불을 쬐던 베드로에게 물었다.

"당신도 저 사람의 제자가 아니오?"

그러나 베드로는 또 아니라고 부인하였다.

그때에 대제사장의 종이 베드로를 몰아세웠다.

"당신이 동산에서 그와 함께 있는 것을 내가 보았는데 그러시오?"

"여보시오, 무슨 소리를 하는 거요?" 하며 베드로는 끝내 부인하였다.

베드로의 말이 채 끝나기도 전에 닭이 울었다. 그제야 베드로는 예수의 말씀이 생각나서 밖에 나가 통곡하였다.

죄 없음을 안 총독 빌라도

사람들은 예수를 결박하여 놓고 욕을 하기도 하고, 때리기도 하며, 침을 뱉기도 하고, 갖은 모욕을 준 후에 로마 총독 빌라도Pontius Pilate(통치 A.D. 26–36)[7]에게 끌고 갔다.

빌라도가 예수에게 물었다.

"네가 유대인의 왕인가?"

예수가 대답하셨다.

"내 왕국은 이 세상의 것이 아니다. 만일 내 왕국이 이 세상의 것이라면, 내 부하들이 싸워서 나를 유대인들의 손에 넘어가지 않게 했을 것이다."

빌라도는 밖으로 나가 유대인들에게 말하였다.

"나는 이 사람에게서 아무런 죄목도 찾지 못하였다. 유월절이 되면

7 유대를 통치한 로마 제국 5대 총독으로 예수를 십자가에 못 박히도록 허락한 사람이다.

나는 너희의 관습에 따라 죄인 하나를 놓아주곤 하였다. 이번에는 이 유대인의 왕을 놓아주는 것이 어떻겠느냐?"

백성들이 악을 쓰며 외쳤다.

"그 자는 안 됩니다. 바라바를 놓아 주시오."

바라바는 강도였다. 대제사장과 많은 사람들이 다시 소리쳤다.

"십자가에 못 박으시오. 예수를 십자가에 못 박아 죽이시오."

빌라도는 예수를 놓아 줄 기회를 찾았으나, 백성들이 폭동을 일으킬까 두려워서 예수를 그들에게 넘겨주었다. 이제 예수는 십자가를 지고 죽음의 길을 걸어가게 되셨다.

2.4. 십자가에 못 박히심

골고다를 향하여

로마 군인들은 사형 선고를 받은 예수를 총독 관저 뜰 안으로 끌고 가서 예수에게 자주색 옷을 입히고 가시관을 만들어 머리에 씌우고, 외치며 우롱하였다.

"유대인의 왕, 만세!"

로마 군인들은 또한 갈대로 머리를 때리고 침을 뱉으며 예수를 조롱하였다. 이렇게 조롱한 후에 예수에게 본래의 옷을 다시 입히고 사형을 집행하기 위하여 십자가를 지고 가게 하였다.

예수는 로마 군인들에 의해 골고다[8]라는 곳으로 끌려갔다. 가는 도중

8 예루살렘 북쪽 교외의 언덕으로 해골과 같이 생긴 곳이다. 예수가 십자가에 달린 곳으로 갈보리라고도 한다.

에 수많은 사람들이 예수를 뒤따랐다. 그중에는 예수의 모습을 보고 가슴을 치며 통곡하는 여인들도 있었다. 다른 죄수 두 사람도 예수와 함께 사형 집행장으로 끌려갔다.

십자가를 대신 옮긴 구레네 시몬

예수는 골고다로 가는 도중에 잔인한 채찍에 맞아 쓰러지셨다. 그때 마침 구레네 사람인 시몬이 시골에서 올라오다가 그곳을 지나가게 되었다. 병사들은 그를 붙들어 억지로 예수의 십자가를 대신 지고 가게 하였다.

십자가에 못 박히심

마침내 예수는 로마 군인들에 의해 십자가에 못 박히셨다.[9] 그들은 제비를 뽑아 각자의 몫을 정하여 예수의 옷을 나누어 가지기도 하였다.

예수의 죄목을 적은 명패에는 '유대인의 왕 나사렛 예수'라고 쓰여 있었다.

예수와 함께 강도 두 사람도 십자가 형을 받았다. 한 사람은 예수의 오른편에, 다른 한 사람은 왼편에 매달렸다.

그중 하나가 예수를 모욕하면서, "당신이 그리스도라면, 당신도 살리고 우리도 살려 보시오!"라고 말하였다.

9 십자가 형: 로마 시대의 사형수를 처형하는 방법의 하나로 흉악범, 범죄자, 반역자 등을 처형하던 가장 치욕스러운 방법이었다. 십자가에 달리면 시체도 내리지 못했으며 결국엔 짐승의 밥이 되고 광야의 태양열에 말라 죽게 되었다. 그러나 예수가 십자가에 달려 죽음으로 십자가 형의 의미가 달라졌다.

다른 한 죄수는 그 동료 죄수를 꾸짖고 난 후에 예수에게 이렇게 간청하였다.

"예수님, 당신이 왕이 되어 오실 때에 저를 꼭 기억하여 주십시오."

그러자 예수는 이렇게 대답하였다.

"오늘 네가 나와 함께 낙원에 있으리라."(눅 23:43)

어머니를 부탁하시다

예수의 십자가 아래에서 어머니 마리아와 이모와 글로바의 아내 마리아, 막달라 마리아가 슬퍼하며 울고 있었다.

예수는 사랑하는 제자에게, "이 분이 네 어머니다."라고 하면서 어머니를 부탁하셨다. 그때부터 사랑하는 제자가 예수의 어머니를 자기 집에 모셨다.

다 이루었다

낮 12시부터 온 땅이 어둠에 덮여 오후 3시까지 계속되었다. 3시쯤에 예수는 남은 기력을 다하여 큰 소리로 외치셨다.

"엘리 엘리 라마 사박다니!"(마 27:46)

이 말은 예수 당시에 사용하던 아람어로서, '나의 하나님, 나의 하나님, 어찌하여 나를 버리셨나이까?'라는 뜻이다.

잠시 후 예수는 모든 것이 다 완성된 것을 아시고, "내가 목마르다."(요 19:28)라고 하셨다. 목마름은 십자가 위에서 죽는 사람들에게 가장 큰 고통이었다.

예수는 더 말할 기력이 없었으나 이 세상에 남기는 최후의 선언으로 이렇게 말씀하셨다.

"다 이루었다."(요 19:30)

예수가 이 말씀을 하시자, 성전 휘장의 한가운데가 찢어지며 두 쪽으로 갈라졌다.[10]

구원의 완성

이어 예수는 하나님께 큰 소리로 "아버지, 내 영혼을 아버지 손에 부탁하나이다."(눅 23:46)라고 외치신 후 숨을 거두셨다.

예수의 이런 모습을 지켜보던 로마의 군인 백부장[11]은, "이 사람은 진실로 하나님의 아들이었도다."(막 15:39)라고 말하였다. 구경하러 나왔던 군중들도 이 광경을 보고는 가슴을 치고 슬퍼하며 집으로 돌아갔다.

이렇게 예수의 생애는 끝이 났다. 그러나 이것은 마지막이 아니라 새로운 시작이었다.

10 성전 안의 성소와 지성소는 휘장으로 구분되어 있다. 휘장 안 지성소에는 대제사장만이 출입이 가능하였다. 휘장이 찢어졌다는 것은 예수의 죽음이 하나님과 인간사에 가로놓인 장벽을 무너뜨리고, 그 결과 예수의 대속의 은혜를 믿는 자는 그 은혜로 곧바로 하나님께 나아갈 수 있게 되었다는 것을 의미한다.

11 로마 군대 규모 단위로서 100명의 군사를 거느린 장교를 말한다.

살펴보기

1. 예수가 제자들의 발을 씻겨 주신 것은 무슨 의미가 있는지 살펴봅시다.

2. 최후의 만찬인 성찬식의 의미에 대해서 살펴봅시다.

3. 예수가 십자가 위에서 한 일곱 가지 말씀을 찾아 살펴봅시다.

3. 부활하신 예수

3.1. 빈 무덤

물과 피

예수가 십자가에 못 박혀 죽으신 날은 유월절 준비일이었다.

예수가 십사가 위에서 죽은 다음 날은 유월절의 대축제일로 안식일과 겹치게 되었다. 유대인들은 안식일에 시체를 십자가에 그냥 두지 않으려고, 총독 빌라도에게 그 당시의 관습대로 시체의 다리를 꺾어[1] 치워 달라고 청하였다.

로마 군인들이 예수 옆에서 십자가를 진 두 죄수의 다리를 차례로 꺾었다. 그러나 예수는 이미 숨을 거두신 것을 확인하고 다리를 꺾는 대신 창으로 옆구리를 찔러 죽음을 확인하였다. 그러자 옆구리에서 물

1 죽음을 확인하기 위해 다리를 꺾었다.

과 피가 흘러내렸다.

아리마대 사람 요셉

날이 어두워지자 아리마대의 사람 요셉이 용기를 내어 총독 빌라도에게 찾아가 예수의 시신을 내어 달라고 간청하였다.

그는 유대 의회 의원이었고, 하나님 나라를 기다리며, 예수의 말씀을 따르는 사람이었다. 또한 그는 예수를 죽이려 하던 유대 의회의 의견과 결정을 찬성한 일이 없었다.(눅 23:50−51 참고)

니고데모

아리마대 사람 요셉은 총독의 허락을 받아 예수의 시신을 십자가에서 내렸다. 그리고 밤에 예수를 찾았던 니고데모도 시신에 바를 몰약을 준비해 와서, 요셉과 함께 예수의 시신을 모셨고 유대인들의 장례 풍속대로 향료를 바르고 고운 베[2]로 시신을 감쌌다.

장사 지냄

아직 장사 지낸 일이 없는 새 무덤[3]에 예수를 정성을 다해 모셨다.

2 삼실, 명주실, 무명실 따위로 짠 천을 통틀어 이르는 말이다.
3 유대인의 무덤: 중동 지역의 무덤은 우리나라와 같이 땅을 파고 묻는 것이 아니라, 자연 동굴을 이용하여 시체를 모시고 돌로 입구를 막는다.

예수의 부활

안식일이 지나고 첫날 새벽, 동틀 무렵에 막달라 마리아와 다른 마리아가 예수의 시신에 바르려고 향유를 가지고 무덤을 찾아갔다.

이미 무덤은 비어 있었다. 무덤을 막아 놓았던 큰 돌 위에 천사가 앉아 있었다. 무덤을 지키던 자들은 천사를 보고 너무 놀라 죽은 자처럼 되어 있었다.

그 천사는 여인들에게 예수가 다시 살아나셨고, 그분이 말씀하시던 대로 먼저 갈릴리[4]로 가실 것이니, 가서 제자들에게 전하라고 말하였다.(마 28:6-7, 막 16:6-7 참고)

부활의 소식을 전한 여인들

여인들은 놀랍고 두렵기도 했지만, 예수가 다시 살아나셨다는 말을 듣고는 너무 기뻐서 예수의 제자들에게 달려갔다.

여인들은 되돌아오는 도중 부활하신 예수를 만나 친히 뵈었다. 부활하신 예수를 친히 만난 여인들은 제자들과 예수를 따르던 사람들에게 예수 부활의 기쁜 소식을 전하였다.

그러나 처음으로 예수가 부활하였다는 소식을 접한 사람들은 이 기쁜 부활의 소식을 믿으려 하지 않았다.

무덤을 지키던 자들은 제사장들에게 돈을 받고 부활의 비밀을 말하지 않겠다고 약속하였다.

4 팔레스타인의 북쪽에 있는 지역으로 예수가 주로 활동한 지역이다.

3.2. 부활의 증인들

부활 후 활동하시다

예수는 부활하신 이후에 여러 사람들과 함께 대화도 하시고, 식사를 하시기도 하셨다.

엠마오의 제자

예수가 부활한 후 제자들 가운데 글로바와 또 한 사람이 엠마오 마을[5]로 가고 있을 때에, 부활하신 예수가 그들에게 나타나셨다. 그들은 길을 가며 예수와 대화를 나누었으나, 예수를 알아보지 못하였다.

그러나 식사 때에 예수가 축사하시고 떡을 떼어 주자, 비로소 그분이 부활하신 예수 그리스도였다는 것을 깨닫게 되었다.(눅 24:13-35 참고)

제자들과 도마

안식일 다음날 저녁이었다. 제자들은 무서워 공포에 떨며 모여 문을 모두 닫아 놓고 있었다. 그때 그곳에 예수께서 "너희에게 평강이 있을지어다."(눅 24:36)라고 인사하며 나타나셨다.

제자들은 부활하신 예수를 만나 뵙고 기뻐 어떻게 해야 할 줄을 몰랐다.

그때에 그 자리에 없었던 도마는 주님의 부활을 의심하였다. 그 후

5 예루살렘의 북서쪽 6km 지점에 있는 작은 마을.

8일 후에 도마와 제자들이 함께 있는데, 문이 잠겨 있었으나 예수가 들어오셔서 도마에게 말씀하셨다.

"너의 손가락으로 내 손을 만져 보아라. 또 네 손을 내 옆구리에 넣어 보아라. 그리고 의심하지 말라."

"너는 나를 보고 믿느냐? 나를 보지 않고도 믿는 사람은 행복하다."

도마는 이 일로 의심을 버리고 확고한 부활 신앙을 가진 제자가 되었다.(요 20:26-29 참고)

고기 잡는 제자들

예수가 부활하신 후, 어느 날 갈릴리 호숫가에서 시몬 베드로와 도마와 나다나엘과 세베대의 아들인 야고보와 요한, 그 밖의 두 제자가 함께 모여 고기를 잡고 있었다.

그들은 밤새 고기를 잡으려고 노력하였으나 그날 밤에는 아무것도 잡지 못하였다.

이튿날 날이 밝아 올 때 예수는 호숫가에 계셨다.

"무얼 좀 잡았느냐?"

"아무것도 잡지 못했습니다."

"그물을 배 오른편에 던져 보아라. 그러면 고기가 잡힐 것이다."

예수가 이르는 대로 그물을 배 오른편에 던졌더니, 그물이 찢어질 만큼 고기가 많이 잡혔다.

"저 분은 주님이시다."

그 말을 듣자 옷을 벗고 있던 시몬 베드로는 겉옷을 두르고 물 속에 뛰어들어 예수에게로 왔다.(요 21:1-7 참고)

아침 식사를 같이 먹다

예수는 잡힌 고기를 불에 굽게 하고, 떡을 집어 제자들을 부르며, "와서 아침을 먹으라."라고 하셨다.

이 일은 예수가 부활한 뒤 제자들에게 나타난 세 번째 사건이었다.(요 21:12-14 참고)

그 후의 증인들

부활한 예수는 이후에도 여러 사람들에게 나타나셨으며, 사도 바울의 증언에 의하면 500명의 믿는 자들에게 나타나시고, 바울 자신에게도 나타나셨다고 하였다.(고전 15:1-8 참고)

죽음에서 부활하신 예수께서 사도 바울에게도 나타나셨듯이, 여러 모양과 방법으로 오늘을 사는 우리들에게도 나타나실 것이다.

3.3. 부활의 신앙

인류의 죄를 대속하심

'부활'은 사람이 할 수 있는 일이 아니고 오직 하나님만이 하시는 일이다.

하나님은 모든 인류의 죄를 대속[6]하기 위하여 예수를 십자가에 달려 돌아가게 하셨다.

6 예수 그리스도가 십자가에 매달려 죽음으로써 모든 인류의 죄를 대신 속죄贖罪하였음을 의미한다.

하나님은 예수를 죽음에서 다시 살리심으로써, 죄로 인하여 죽을 수 밖에 없는 사람들을 다시 살리시는 구원의 큰 일을 이루셨다.

예수의 부활은 죽음을 정복한 승리의 상징이 되었고, 오늘날 모든 그리스도인들의 자랑이 되었다.[7]

부활은 기독교 신앙에서 가장 핵심적이고 중요한 신앙이다.

우리의 부활

예수는 온 인류를 죽음과 죄에서 구원하시고, 부활의 첫 열매가 되셨다.

그러므로 하나님의 자녀인 우리들은 지금 여기에서 부활하신 예수를 만날 수 있어야 한다.

예수는 "나는 부활이요 생명이니, 나를 믿는 자는 죽어도 살겠고, 무릇 살아서 나를 믿는 자는 영원히 죽지 아니하리니 이것을 네가 믿느냐?" (요 11:25−26)라고 하셨다.

우리 자신이 예수 그리스도를 '나의 죄를 대신 지신 구주'로 받아들이고 믿을 때, 우리는 영원히 죽지 않고, 죽음의 나라에서 생명의 나라로 옮겨질 수 있는 것이다.

7 부활절은 춘분 후 첫 음력 보름 지난 후 첫 주일이다. 그래서 3월 20일에서 4월 25일 사이에 부활절이 있다. 지금 우리는 주님이 부활하신 날(일요일)을 주일主日(주님의 날)이라고 부르면서 안식일로 지키고 있다.

임마누엘[8] 되신 예수

예수는 지금 이 시간에도 우리와 늘 함께하시는 분이며, 우리의 미래를 준비하고 계시는 분이다. 우리들은 언제나 예수 그리스도와 더불어 살며, 예수와 기도로 대화하며, 예수를 위해 살아야 한다.

그래서 사도 바울은 부활의 예수 그리스도를 만난 후 새로운 사람으로 변하였다.

"우리가 살아도 주를 위하여 살고 죽어도 주를 위하여 죽나니, 그러므로 사나 죽으나 우리가 주의 것이로다."(롬 14:8)라고 사도 바울은 고백하였다.

부활하신 예수는 지금도 우리들을 지켜보고 계신다.

8 히브리어로 '하나님이 우리와 함께하신다.'라는 뜻이다.

살펴보기

1. 의심하는 도마의 심정에 대하여 살펴봅시다.

2. 예수 부활의 의미는 무엇인가 살펴봅시다.

3. 우리에게 부활은 무슨 의미가 있는지 살펴봅시다.

4. 다시 오실 예수

4.1. 승천

40일간 계시다

예수는 부활하신 후 40일 동안 사도들과 여러 번 만나셨다. 그리고 여러 가지 확실하고 분명한 증거로써 예수가 여전히 살아 있다는 사실을 보여 주며, 하나님 나라에 관한 말씀을 들려주셨다.

부탁의 말씀

그 뒤 11제자는 예수가 가르쳐 주신 대로 예루살렘 근처에 있는 감람산[1]으로 갔다.

1 예루살렘 동쪽 언덕에 있는 산으로 4개의 봉우리로 이루어졌으며, 서쪽 기슭에는 겟

예수는 제자들에게 가까이 오셔서 이렇게 말씀하셨다.

"하늘과 땅의 모든 권세를 내게 주셨으니, 그러므로 너희는 가서 모든 민족을 제자로 삼아 아버지와 아들과 성령의 이름으로 세례를 베풀고, 내가 너희에게 분부한 모든 것을 가르쳐 지키게 하라. 볼지어다. 내가 세상 끝 날까지 너희와 항상 함께 있으리라."(마 28:18-20)

승천하시다

예수는 이 말씀을 하시고 나서 사도들이 보는 앞에서 승천하셨다.

예수가 이 세상을 떠나는 마지막 모습이 사도행전에 기록되어 있는데, 그것은 매우 신비로운 광경이었다. 많은 사람들이 보는 가운데에서 예수의 몸은 두 천사의 호위를 받으면서, 구름을 타고 하늘로 높이 올라가셨다.(행 1:9-11 참고)

그 후로 예수는 다시 육체의 몸으로는 나타나신 일이 없었다. 분명히 예수는 이 세상을 떠나 하늘로 올라가셨다.

하나님 오른편에

예수는 자신이 본래 계시던 자리, 즉 우리 인간들은 상상할 수 없는 영적 세계인 하나님의 오른편으로 되돌아가셨다.

예수는 지금도 하나님과 함께 인류의 역사를 지배하시는 역사의 주인으로서 이 세상을 다스리고 있는 것이다.

세마네 동산이 있다.

4.2. 예수의 마지막 명령

마지막 명령

예수는 승천하시기 전에 제자들에게 마지막 분부의 말씀을 하셨다. "오직 성령이 너희에게 임하시면, 너희가 권능을 받고 예루살렘과 온 유대와 사마리아와 땅 끝까지 이르러 내 증인 되리라."(행 1:8)

증인證人[2]

이제 예수의 마지막 분부를 받은 예수의 제자들과 예수를 따르고 사랑하는 사람들은, '십자가에 죽으시고, 3일 만에 부활하신 예수가 바로 구세주救世主 그리스도'라는 사실을 알게 되었다. 그러기에 '예수를 구주로 믿어 죄의 용서함을 받으며 구원을 받으라.'라고 복음을 선포하는 증인의 사명을 담당하게 되었다.

예수의 제자들과 예수를 따르는 사람들에게는, 구원의 복음인 예수 그리스도를 예루살렘으로부터 시작하여 유대와 사마리아와 전 세계 민족들에게까지 전파해야 할 사명이 주어졌다. 그러나 아직 용기와 확신이 부족하였다. 그들은 여전히 불안과 두려움에 사로잡혀 있었다.

오순절에 용기를 얻다

불안과 두려움에 사로 잡혀있던 그들은 유대인의 절기인 오순절[3]에

2 '진리를 증거한다.'는 그리스어 '마르투레오martureo'에서 나온 말로, '증거하다witness.' 또는 '순교하다martyr.'라는 뜻을 가지고 있다.

마가의 다락방에서 120여 명이 모여 하나님을 찬미하고 기도하는 가운데 성령 강림을 체험하게 되었다.

성령 강림을 체험한 후, 용기를 얻고 담대해진 제자들은 예수 그리스도의 부활을 증언하며, 순교함으로 복음의 씨앗이 되었다.

그리하여 이 기쁜 소식은 전 세계로 퍼져 나가게 되었고, 우리들도 복음을 들을 수 있게 되었다.

4.3. 재림의 약속

예수의 재림[4]

예수가 십자가에 못 박히시기 전 감람 산에서 제자들과 함께 있을 때, 제자들이 예수에게 "세상의 끝 날에는 어떤 징조가 나타납니까?" 하고 물었다.

여기에 대해 예수는 가짜 그리스도가 나타나고, 여러 번 난리를 겪으며, 전쟁의 소문도 듣고, 곳곳에서 기근과 지진이 일어날 것이라고 하시면서 이것이 말세의 징조라고 말씀하셨다.

그리고 재림의 때에 대해 이렇게 말씀하셨다.

"그 날과 그 때는 아무도 모르나니 하늘의 천사들도, 아들도 모르고 오직 아버지만 아시느니라. 노아의 때와 같이 인자의 임함도 그러하리라."(마 24:36−37)

3 유대인의 3대 절기인 유월절, 오순절, 초막절 중의 하나로, 모세가 시내 산에서 하나님으로부터 십계명을 받은 것을 기념하는 날이다.

4 '이 세상에 다시 오신다.'라는 뜻으로, 부활하여 승천한 예수가 최후의 심판 때 이 세상에 다시 오시는 것을 의미한다.

예수는 이 말씀을 통해 재림의 때에 대하여, 사람들이 멋대로 추측하고 예언해서는 안 된다는 사실을 일깨워 주셨다.

열 처녀 비유

예수 그리스도의 재림을 기다리는 사람들이 어떤 자세로 살아가야 할 것인가에 대한 이야기가 마태복음 25장에 상세하게 기록되어 있다.

"천국은 마치 등을 들고 신랑을 맞으러 나간 열 처녀와 같다."(마 25:1)

유대인의 결혼 풍속에는 결혼식이 있기 전, 신랑이 신부를 찾아올 때 신부의 친구 열 사람이 등불을 들고 서서 들러리를 서는 풍습이 있었다. 여기에 비유하여 신랑을 맞이하는 열 처녀가 있었는데 그중에 다섯은 미련하였고, 다섯은 지혜로웠다.

미련한 처녀들은 등잔을 가지고 있었으나 기름을 준비하지 않았고, 지혜로운 처녀들은 등잔과 함께 별도로 그릇에 기름을 충분히 준비해 두었다.

신랑이 도착할 예정 시간보다 늦어지자, 열 처녀는 깜빡 잠이 들었다. 등잔에 기름이 다 떨어지는 바로 그때에 신랑이 도착하였다는 소식이 전해졌다.

기름을 별도로 준비하지 않았던 미련한 다섯 처녀는, 신랑과 함께 결혼 잔치에 참여하는 기쁨을 얻지 못하였다.(마 25:1－13 참고)

예수는 기름을 충분히 준비하였던 지혜로운 다섯 처녀처럼 마지막 때를 준비해야 한다고 알려 주셨다.

양과 염소

마지막 심판의 날이 오면, 선하게 살아온 사람(양)과 불순종하며 악하게 살아온 사람(염소)을 구별하고, 그에 합당한 상과 벌을 줄 것이라고 말씀하셨다.(마 25:31-46 참고)

다시 오실 예수

역사의 주인이신 예수 그리스도는 2,000년 전에 분명히 탄생하시고, 십자가에 죽으시고, 부활하시고, 승천하셨다.

지금도 역사를 통치하고 계시며, 언젠가는 다시 오셔서 하나님 나라를 완성하시고 선악을 심판하실 것이다.

초대 교회 교인들은 예배 때마다, "마라나타."[5]라고 기도하며 예수 그리스도의 재림을 진심으로 기다리며 갈망하였었다.

현대를 살아가는 우리들은 주님의 날이 도적같이 다가올 것을 기억해야 하고, 준비해야 할 것이다. 왜냐하면 반드시 예수는 다시 오실 것이라고 말씀하셨기 때문이다.

그러나 종말론과 예수의 재림을 너무 터무니없이 강조하는 자들은 이단이나 사이비일 수 있으니 조심해야 한다.

5 아람어로 '우리 주여, 어서 오시옵소서.'라는 뜻이다.

살펴보기

1. 우리들이 예수의 증인으로서 해야 할 일을 살펴봅시다.

2. 열 처녀의 비유의 의미를 살펴봅시다.

3. '마라나타'의 의미와 우리의 신앙생활의 자세에 대하여 살펴봅시다.

제8부

예수 그리스도의 말씀과 이적

1. 가르치시는 예수
2. 이적을 행하시는 예수

1. 가르치시는 예수

1.1. 산상수훈과 주기도

산상수훈

예수의 말씀 가운데 가장 유명한 말씀은 산상수훈(마 5장–7장)이다. 산에서 주신 귀한 말씀이기에 '산상수훈山上垂訓'[1] 또는 '산상보훈山上寶訓' 이라고 한다.

예수는 '산상수훈'에서 우리들에게 이 세상에서 어떻게 살아가야 하는가에 대하여 보석과도 같은 귀한 교훈을 주셨다.

1 예수가 갈릴리 호수 근처 산 위에서 제자들과 사람들에게 가르치신 교훈으로서, 팔복과 주기도문 등의 내용이 있다.

팔복八福

예수는 제자들과 많은 사람들이 다가오자, 산에서 그들에게 이렇게 말씀하셨다.

"심령이 가난한 자는 복이 있나니 천국이 그들의 것임이요.

애통하는 자는 복이 있나니 그들이 위로를 받을 것임이요.

온유한 자는 복이 있나니 그들이 땅을 기업으로 받을 것임이요.

의에 주리고 목마른 자는 복이 있나니 그들이 배부를 것임이요.

긍휼히 여기는 자는 복이 있나니 그들이 긍휼히 여김[2]을 받을 것임이요.

마음이 청결한 자는 복이 있나니 그들이 하나님을 볼 것임이요.

화평하게 하는 자는 복이 있나니 그들이 하나님의 아들이라 일컬음을 받을 것임이요.

의를 위하여 박해를 받은 자는 복이 있나니 천국이 그들의 것임이라."(마 5:3-10)

이 말씀은 가르침 속에 '복이 있나니'라는 말씀이 8번 나오기 때문에 '팔복八福'이라고 한다.

세상의 많은 사람들은 행복의 조건을 돈이나 명예나 권력 등 외부적인 조건에서 찾지만, 예수는 참된 행복이란 '영원히 사라지지 않고 늘 마음에서 솟아나는 기쁨'이라고 가르치셨다.

예수는 참된 행복은 하나님의 자녀가 될 때 비로소 얻을 수 있다고 말씀하셨다.

2 자비로운 마음으로 다른 사람의 마음과 사정을 동정하고 이해하는 마음을 말한다.

세상의 소금

예수는 제자들에게 이런 가르침을 주셨다.

"너희는 세상의 소금이다."(마 5:13)

소금은 예수 당시에는 정말로 값지고 귀해서 로마 군인들에게 월급으로 소금을 주기도 하였다. '너희는 보잘것없는 존재가 아니고 소금처럼 값지고 귀한 존재'라고 알려 주시는 말씀이다.[3]

소금은 맛을 내게 한다. 여러 가지 음식이 각기 자기의 맛을 가지고 있지만, 소금이 첨가되어야만 제 맛을 낼 수 있다. 소금을 잘 사용하는 것이 중요하다. 삶에 의미를 주고, 가치를 부여해 주어 삶에 맛을 내는 사람이 되어야 한다는 말씀이다.

또한 소금은 방부제[4] 역할을 한다. 부정과 부패로 썩을 수밖에 없는 개인, 가정, 사회이지만 소금의 역할을 하는 사람이 있으면 썩지 않는다는 것이다.

마지막으로 소금은 녹아야만 제 역할을 할 수 있다.

우리도 소금처럼 자신을 녹여 헌신, 희생, 봉사하면 이 세상을 맛있게, 썩지 않게 할 수 있을 것이다.

성경을 읽을 때 '소금이 되어야 한다.'로 읽고 있지는 않은지 반성해 볼 일이다. 예수는 현재형으로 '소금이다.'라고 말씀하셨다.

3 세상에는 세 종류의 귀중한 '금'이 있다고 한다. 즉 '황금', '지금', '소금'이다. 다 귀중하게 아끼며 사용하여야 한다.

4 미생물의 활동을 막아 물건을 썩지 않게 하는 것이다.

세상의 빛

예수는 제자들에게 이런 가르침을 주셨다.

"너희는 세상의 빛이다."(마 5:14)

사람은 눈으로 빛을 보고, 그 빛 안에서 생명을 유지하며 살아간다. 우리가 어쩌다 깜깜한 곳에 들어갔다가 불빛을 만나게 되면 그렇게도 반가울 수가 없다. 어두움이 짙으면 짙을수록 한 줄기의 작은 빛이 참으로 중요하다는 것을 깨닫게 된다.

그 누구도 빛이 없으면 아무 일도 할 수 없다. 어두움이란 무지와 무능과 혼돈을 의미하기도 한다. 어두우면 무질서해져 마치 어두움 가운데서 헤매듯이, 무엇이 옳고 그른지를 분별할 수 없게 된다.[5]

'너희는 빛처럼 값있는 존재들이다.'라는 말씀이다. 너희들은 이 어두운 세상에서 양심의 빛, 진리의 빛, 선의의 빛의 삶을 살아, 밝은 세상을 만드는 '빛의 사람'이라고 말씀하셨다.

원수사랑

예수는 원수에 대해서도 어떻게 해야 하는가를 가르쳐 주셨다.

"너희는 원수를 사랑하며 너희를 박해[6]하는 자를 위하여 기도하라." (마 5:44)

"누구든지 네 오른편 뺨을 치거든 왼편도 돌려 대라."(마 5:39)

"누구든지 너로 억지로 오 리를 가게 하거든 그 사람과 십 리를 동행

5 고대 그리스의 철학자 디오게네스Diogenes(B.C.400? – 323)는 "세상이 어둡다."라고 말하며, 대낮에도 등불을 켜고 다니기도 하였다고 한다.

6 못 살게 굴어서 해롭게 하는 것을 말한다.

하라."(마 5:41)

우리들이 세상에서 상식으로 가지는 삶의 태도가 아닌 세상 사람들과는 다른 삶의 기준을 가르쳐 주셨다.

그 나라와 그의 의義

"너희는 먼저 그의 나라와 그의 의를 구하라. 그리하면 이 모든 것을 너희에게 더하시리라."(마 6:33)라고 말씀하셨다.

공중에 날아다니는 새들을 먹이시고, 들판의 백합화를 키워 주시고, 하찮아 보이는 들풀까지도 길러 주시는 하나님이 자신의 형상대로 지으신 사람들을 지극히 사랑하시고, 늘 돌보아 주신다는 말씀이다.

그러므로 자신만은 위한, 자기 중심적인 삶을 최우선 순위로 삼는 삶에서, 다른 사람을 위하며 더불어 살아가는 삶으로 바꾸라고 하신다.

황금률黃金律[7]

예수는 사람과 사람 사이에서 꼭 지켜야 할 기장 기본적인 삶의 태도에 대하여 이렇게 교훈하셨다.

"무엇이든지 남에게 대접을 받고자 하는 대로 너희도 남을 대접하라."(마 7:12)

7 마태복음 7:12에 나오는 예수의 교훈을 이르는 말로서, 특별히 17세기 이후 다른 성구와 구분되어 '황금률'이라고 말하고 있다.

주의 기도

예수는 기도의 모범으로 이렇게 기도하라고 가르쳐 주셨다.

"하늘에 계신 우리 아버지, 아버지의 이름을 거룩하게 하시며, 아버지의 나라가 오게 하시며, 아버지의 뜻이 하늘에서와 같이 땅에서도 이루어지게 하소서. 오늘 우리에게 일용할 양식을 주시고, 우리가 우리에게 잘못한 사람을 용서하여 준 것같이 우리 죄를 용서하여 주시고, 우리를 시험에 빠지지 않게 하시고, 악에서 구하소서. 나라와 권능과 영광이 영원히 아버지의 것입니다. 아멘."(마 6:9-13)

"너희가 사람의 잘못을 용서하면 너희 하늘 아버지께서도 너희 잘못을 용서하시려니와, 너희가 사람의 잘못을 용서하지 아니하면 너희 아버지께서도 너희 잘못을 용서하지 아니하시리라."(마 6:14-15)

예수가 주기도문 중에서 다시 설명하며 강조하신 부분이다.

주님이 가르쳐 주신 기도대로만 기도하고 행동하면 이 땅위에 하늘나라가 건설될 수 있을 것이다.

1.2. 비유들

예수의 말씀

예수는 사람들에게 말씀하실 때 비유[8]를 많이 사용하셨다.

예수의 말씀은 쉽고, 깊이가 있으며, 권위 있고, 재미있는 말씀이었기에 많은 사람들이 예수의 말씀을 듣기 위해 모였다.

8 사물을 설명할 때 그와 비슷한 다른 사물을 빌려 표현하는 일을 말한다.

예수는 하나님 나라의 진리를 효과적으로 설명하기 위해 비유를 사용하셨다.

씨 뿌리는 비유(마 13:1-8)

씨 뿌리는 사람이 씨를 뿌리러 밭으로 나갔다. 어떤 씨는 길가에 떨어져 사람의 발에 밟히거나 새가 와서 먹었다. 어떤 씨는 돌밭에 떨어져 싹은 났으나 곧 말라 죽었다. 또 어떤 씨는 가시덤불 속에 떨어져 가시 때문에 자라지 못하였다. 그러나 어떤 씨는 좋은 땅에 떨어져 30배, 60배, 100배의 열매를 맺는다.

씨앗이 뿌려지는 길가, 돌밭, 가시덤불 속, 좋은 땅은 복음을 받아들이는 사람의 자세 또는 태도에 비유되어 복음을 받아들이는 사람의 마음의 자세가 아주 중요하다고 말하고 있다.

또한 현재 우리가 뿌리고 있는 씨앗이 살아 있는 좋은 씨앗인기도 생각해 보아야 할 것이다.

가라지 비유(마 13:24-30)

"둘 다 추수 때까지 함께 자라게 두라. 추수 때에 내가 추수꾼들에게 말하기를 가라지[9]는 먼저 거두어 불사르게 단으로 묶고, 곡식은 모아 내 곳간에 넣으라 하리라."

하나님은 우리들이 이 세상에서 아름다운 열매를 맺는 좋은 씨가 되

9 풀과 독보리처럼 쓸모도 없으면서 밀과 보리 등이 성장하는 데 피해를 주는 식물을 말한다.

기를 원하고 계신다.

비록 우리들이 마귀가 뿌려 놓은 못된 가라지와 함께 자란다 할지라도 그것 때문에 하나님에 대한 바른 믿음을 잃어버려서는 안 된다.

믿음으로 참고 견디며 바르게 살면서 하늘나라를 기다리는 사람은 심판의 날에 칭찬 받는 자가 될 것이다.

겨자씨 비유(마 13:31–32)

"천국은 마치 사람이 자기 밭에 갖다 심은 겨자씨 한 알 같으니."

하늘나라는 겨자씨가 자라는 모습과 같다. 겨자씨는 모든 씨앗 중에서 아주 작지만, 일단 싹이 트고 자라면 어느 푸성귀[10]보다도 커져서 하늘의 새들이 날아다니다가 그 가지에 와서 쉬고 놀 만큼 큰 나무가 된다.

누룩의 비유(마 13:33)

"천국은 마치 여자가 가루 서 말 속에 갖다 넣어 전부 부풀게 한 누룩[11]과 같으니라."

겨자씨 비유와 누룩의 비유는 하나님 나라의 빠른 확장과 크기를 알려 주는 공통점이 있다. 작고 적은 것에서 출발하여 점점 크게 확장되어 가는 것을 말한다.

중요한 차이점이 있기도 하다. 겨자씨 비유는 그 씨가 싹이나 자라서

10 사람이 가꾼 채소나 저절로 난 나물 따위를 통틀어 이르는 말이다.
11 술을 빚고 빵을 부풀게 하는 데 사용되는 발효제로서 영어로는 이스트yeast라고 한다.

거대한 나무가 되는 외적인 성장이지만, 누룩의 비유에서는 누룩은 밀가루를 변화시킨다. 즉 자기도 변화되고 남도 변화시키는 내적인 변화를 의미한다.

보물의 비유(마 13:44)

"천국은 마치 밭에 감추인 보화와 같으니, 사람이 이를 발견한 후 숨겨두고 기뻐하여 돌아가서 자기의 소유를 다 팔아 그 밭을 사느니라."

옛날엔 값진 보물들을 보관하는 방법으로 땅속에 감추는 일이 많았다. 이 경우 땅에 묻혀 있던 보물이 발견될 경우 땅의 주인에게 보물의 소유권이 인정되었다.

이 비유는 밭에 감추인 보물을 발견한 자가 그 보물을 자기의 것으로 만들기 위해 전 재산을 투자하여 밭을 사는 것처럼 하나님 나라가 값지고 귀하다는 사실을 알려 주고 있다.

진주의 비유(마 13:45-46)

"천국은 마치 좋은 진주를 구하는 장사와 같으니, 극히 값진 진주 하나를 발견하매 가서 자기의 소유를 다 팔아 그 진주를 사느니라."

원석을 가공하여 보석을 만들어 내는 기술이 없었던 시대에는 가장 귀중한 보석 중의 하나가 진주眞珠였다. 진주는 가공할 것도 없고, 자연적인 모습으로 영롱한 빛을 내기 때문에 최고의 보석으로 인정받았다.

좋은 진주를 발견한 진주 장사꾼이 자기의 전 재산을 투자하여 그 진주를 구하는 것처럼 하나님 나라에 우리의 모든 것을 투자할 가치가 있음을 알려 주고 있다.

그물의 비유(마 13:47–50)

"천국은 마치 바다에 치고 각종 물고기를 모는 그물과 같으니, 그물에 가득하매 물가로 끌어내고 앉아서 좋은 것은 그릇에 담고 못된 것은 내버리느니라."

이 세상에는 시작이 있듯이 마지막이 있다. 그래서 세상에서는 선한 사람과 악한 사람이 함께 살고 있지만, 하나님의 나라가 완성되는 세상 끝 날에는 심판이 있어 멸망 받는 자와 구원 받는 자가 반드시 구분될 것임을 가르쳐 주고 있다.

달란트 비유(마 25:14–30)

"그 주인이 이르되 잘하였도다. 착하고 충성된 종아, 네가 적은 일에 충성하였으매 내가 많은 것을 네게 맡기리니 네 주인의 즐거움에 참여할지어다."

어떤 사람이 먼 길을 떠나면서 자기 종들을 불러 각자의 능력에 따라 한 사람에게는 5달란트,[12] 한 사람에게는 2달란트, 또 한사람에는 1달란트의 돈을 주면서 장사를 하여 이윤을 남기라고 하였다.

주인이 돌아왔을 때, 5달란트와 2달란트를 받은 사람은 열심히 일하여 각기 5달란트와 2달란트의 이윤을 남겨 주인에게 칭찬을 받는다.

12 유대의 무게 단위 또는 유대의 화폐 단위이다. 성경에는 화폐 단위로 많이 나온다. 무게 단위로 1달란트는 34Kg이며, 화폐 단위로 1달란트는 6,000데나리온으로 아주 많은 액수이다.(예수 당시 1데나리온은 한 노동자의 하루 품삯이다.)

그러나 1달란트 받은 사람은 그 돈을 땅에 묻어 두었다가 그대로 가져왔기에 게으른 종이라는 무서운 책망을 받는다.

인생은, 택시 요금이 후불제인 것처럼, 세상에 거저 태어나지만 세상을 떠날 때에 평가를 받기에 나름대로 후불제의 성격을 가진다. 그러기에 게으르지 말고 열심히 성실하게 최선을 다하여 귀한 평가를 받을 수 있도록 살아야 한다고 가르친다.

1.3. 그 외의 가르침

내게 배우라

예수는 처음 자신을 따르는 사람들에게 말씀하신다.

"수고하고 무거운 짐 진 자들아, 다 내게로 오라. 내가 너희를 쉬게 하리라. 나는 마음이 온유하고 겸손하니 나의 멍에를 메고 내게 배우라. 그러면 너희 마음이 쉼을 얻으리니……."(마 11:28-29)

예수는 힘들고 피곤해하며 지친 사람들에게 나에게 오라고 초청하신다. 왜냐하면 예수에게서 배우고 그 멍에를 함께 지면 인생의 짐이 가벼워지고 기쁨으로 살아갈 수 있기 때문이다.

요사이 '힐링Healing'[13]이 유행하는데, 예수의 멍에를 메고 예수에게서 온유와 겸손을 배우면 참 쉼을 통해 참다운 힐링이 이루어진다고 본다.

13 1. 치유되다, 낫다; 치유하다, 낫게 하다. 2. 치료하다, 고치다; (마음을) 치유하다. 3. 갈등·감정 등의 골을 메우다라는 뜻을 가지고 있는 말이다.

자기 십자가

예수는 자신을 따르는 충성스러운 제자들에게는 이런 말씀을 하셨다.

"누구든지 나를 따라오려거든 자기를 부인하고 자기 십자가를 지고 나를 따를 것이니라. 누구든지 나를 위하여 제 목숨을 잃으면 찾으리라."(마 16:24-25)

참된 제자가 된다는 것은 쉬운 일이 아니라는 것을 말씀하여 주신다.

'생즉사生卽死, 사즉생死卽生'이라는 말이 있다. 즉 살려고 하면 죽고, 죽을 각오로 임하면 산다는 말이다. 모든 일에 이러한 자세로 살아간다면 하나님과 사람들에게로부터 인정받는 사람이 될 수 있을 것이다.

좁은 문

예수는 제자가 되기를 원하는 사람에게 참된 길을 가야 한다고 말씀하셨다.

"좁은 문으로 들어가라. 멸망으로 인도하는 문은 크고 그 길이 넓어 그리로 들어가는 자가 많고, 생명으로 인도하는 문은 좁고 협착하여 찾는 이가 적음이라."(마 7:13-14)

우리 앞에는 두 가지 문이 있다.

하나는 넓은 문이다. 넓은 문은 들어가기가 편하고 많은 사람이 찾는 문이다. 또 다른 문은 좁은 문이다. 좁은 문으로 들어가려면 버려야 할 것과 부정해야 할 것들이 많이 있기에 들어가기도 어렵고 찾는 사람도 적다.

참된 제자가 되려고 하는 사람은 영생이 약속되어 있는 좁은 문으로 들어가야 한다.

살펴보기

1. 산상 수훈에는 어떤 교훈들이 더 있는지 살펴봅시다.

2. 예수의 비유 중 가장 인상적인 비유가 무엇인지 살펴봅시다.

3. 참된 제자가 되기 위해서 할 수 있는 것들에 대해서 살펴봅시다.

2. 이적을 행하시는 예수

2.1. 이적을 행하시는 예수

이적의 의미

예수는 3년여의 공생애共生涯 기간 동안 많은 이적異跡[1]을 행하셨다.

예수는 사람의 병만 고친 것이 아니라 물질의 변화도 일으키셨고, 자연의 변화도 일으키셨다. 또한 죽은 사람을 살리기도 하셨다.

그런데 이 모든 이적들은 예수가 하나님의 아들임을 증거하는 표시였고, 하나님의 나라를 이루어 가기 위한 전도의 한 방법이었다.

예수는 세례 요한이 보낸 제자들에게 이렇게 말씀하셨다.

“너희가 가서 보고 들은 것을 요한에게 알리되 맹인이 보며 못 걷는

1 신의 힘으로 이루어지는 불가사의한 일로 기적奇跡과 같은 말이며, 성령聖靈에 의한 수태受胎, 부활, 병자의 치유 따위가 있다.

사람이 걸으며 나병(한센병) 환자가 깨끗함을 받으며 귀먹은 사람이 들으며 죽은 자가 살아나며 가난한 자에게 복음이 전파된다 하라. 누구든지 나로 말미암아 실족하지 아니하는 자는 복이 있도다."(눅 7:22-23)

그때 예수는 여러 병자들과 악한 귀신에게 시달리는 사람들과 소경들을 고쳐 주고 있었다. 예수가 세례 요한의 제자들에게 하신 말씀은 메시아로서 이적을 행하고 있다는 것을 전하라는 것이다.

물로 포도주를 만드신 첫 이적

예수는 세례 요한에게 세례를 받으신 후, 어머니와 제자들과 함께 갈릴리 지방 가나라는 곳의 혼인 잔치에 초대를 받아 참석하셨다.

혼인 잔치가 한창일 무렵 준비된 포도주가 부족하게 되어 예수의 어머니는 예수에게 포도주가 부족하다고 말하였다.

그리자 예수는 돌 항아리 여섯 개를 보시고 "항아리에 물을 채우라."고 말씀한 후에 "그것을 떠서 잔치 상에 놓아 마시게 하라."라고 하셨다.

잔치에 초대받은 사람들은 물로 된 포도주를 맛보고, 저마다 신랑에게 좋은 포도주를 대접 받았다고 칭찬하였다.

이 일은 예수가 가장 처음 행하신 이적이었다.(요 2:1-11 참고)

예수가 물을 포도주로 변화시켰던 것처럼, 이 세상이 멋있고 맛있는 세상이 되도록 변화시켜야 하겠다.

오병이어五餠二魚 사건

유대인들의 명절이 얼마 남지 않은 어느 날이었다. 예수는 모인 사람들에게 하나님의 나라를 설명하며 병자들을 고쳐 주셨다. 이때에 날이 저물어 말씀을 듣던 사람들이 아무것도 먹지 못하여 배고픈 상태였다. 그때 한 어린이가 자기의 도시락을 제자를 통해 예수께 드렸다. 당시 서민이 먹는 소박한 한 끼 식사로 보리 떡 다섯 개와 물고기 두 마리였다.

예수는 한 어린이가 가져 온 물고기 두 마리와 떡 다섯 개를 들고 기도한 후 나누어 먹게 하셨다. 먹은 사람들은 여자와 아이를 빼고 오천 명쯤 되었다. 사람들이 모두 배불리 먹고 남은 조각을 모았더니 열두 광주리에 가득 찼다.(마 14:13-21 참고)

한 어린이가 자기 몫의 도시락을 내놓는 것으로부터 놀라운 기적이 시작되었다. 어린이는 적당한 때에 배고픔을 달래기 위해 도시락을 준비했을 것이다. 그러나 그 도시락을 자기 것이라 움켜쥐지 않고 다른 사람을 위해 내어놓았을 때, 많은 사람들이 함께 먹을 수 있게 되었다. 남는 것을 나누는 것은 폐품을 처리하는 것이지 진정한 나눔은 아니라고 할 수 있다. 십시일반十匙一飯[2]이라는 말을 기억하여 실천하여야 하겠다.

2.2. 병자를 고쳐 주시는 예수

잘못된 생각

유대인들은 유대교의 정결법[3]에 따라 특정한 병에 걸린 사람을 불결하고 부정한 사람으로 생각하였다.

그런 병에 걸린 사람을 사람들과 격리시키며, 병에 걸린 이유는 그

2 열 사람이 한 술씩 보태면 한 사람 먹을 분량分量이 된다는 뜻으로, 여러 사람이 힘을 합合하면 한 사람을 돕기는 쉽다는 말이다.
3 제의적인 정결, 깨끗함에 대한 규례이다.

사람의 죄 때문이라고 생각하였다. 그러므로 병으로 고통 받는 사람들은 이중의 고통을 받고 있었다.

예수는 이러한 생각이 잘못된 것임을 알았기에 자신을 찾아오는 병자들을 친히 고쳐 주셨다.

귀먹고 말 더듬는 자를 고치시다

예수는 데가볼리 지방을 거쳐 갈릴리 호수로 돌아왔을 때, 사람들이 귀먹고 말 더듬는 사람을 데리고 와서 예수에게 손을 얹어 고쳐 주기를 청하였다. 이때 예수가 하늘을 우러러 탄식하시며 "에바다"[4]라고 하자, 그 사람의 귀가 열리고 혀가 풀려 말을 제대로 하게 되었다.(막 7:31-37 참고)

귀신 들린 자를 고치시다

예수가 가버나움으로 가서 안식일에 회당에서 가르칠 때, 더러운 귀신 들린 사람이 회당에 있다가 큰 소리로 소동을 피웠다.

예수가 "잠잠하고 그 사람에게서 나오라."라고 하니, 더러운 귀신이 그 사람에게서 경련을 일으키며 큰 소리를 지르며 나왔다.(막 1:21-28 참고)

예수는 제자들이 고치지 못한 귀신 들린 어린 소년을 고쳐 주셨고(눅 9:37-43 참고), 거라사 지방에서 무덤 사이에서 지내는 귀신 들린 자도 고쳐 주셨다.(눅 8:26-39 참고)

4 아람어로 '열려라'라는 뜻이다.

베드로 장모의 병을 고치시다

예수가 회당에서 나와 제자인 베드로의 집에 갔을 때, 베드로의 장모가 열병으로 앓아누워 있었다. 예수가 베드로의 장모의 손을 잡아 일으키니, 열병이 떠나고 자리에서 일어나 시중을 들었다.(눅 4:38–39)

소경을 고치시다

예수가 길을 가다가, 태어나면서부터 눈먼 사람을 만났다.

예수는 그를 불쌍히 여기고 땅에 침을 뱉어 진흙을 이겨 소경의 눈에 바른 다음, "실로암 못에 가서 씻으라."라고 말씀하셨다. 맹인은 가서 눈을 씻고 고침을 받은 후 돌아왔다.(요 9:1–7 참고)

38년 된 병자를 고치시다

예루살렘에 있는 양문이라는 문 옆에 '베데스다'라는 못이 있다. 그 연못가에는 많은 병자, 맹인, 절름발이, 혈기 마른 자들이 누워 있었다. 연못의 물이 가끔 요동칠 때 연못에 들어가면 병이 나을 수 있다고 믿고 있었기 때문이었다.

거기에는 38년 동안 병으로 고통 당하는 병자가 있었다. 예수가 그에게 이렇게 말씀하셨다. "일어나 네 자리를 들고 걸어가라." 그러자 그 사람은 즉시 병이 나아서 자리를 들고 걸을 수 있게 되었다.(요 5:2–9 참고)

2.3. 죽은 자를 살리시는 예수

야이로의 딸

예수가 갈리리 호숫가에서 많은 사람들에게 말씀하고 계셨다. 그때 유대인의 회당장 야이로라는 사람이 와서 예수의 발 앞에 엎드려 간청하였다. "제 어린 딸이 병으로 죽게 되었사오니, 고쳐 주시기를 원합니다." 그래서 예수는 그 집을 향하여 가셨다.

그러나 도착하기도 전에 회당장의 집에서 사람이 와서 회당장에게 "당신의 딸이 죽었으니, 예수가 오실 필요가 없게 되었소."라고 말하였다.

예수는 그들이 하는 말을 듣고 회당장에게 "두려워 말고 믿기만 하라."라고 하고 제자들과 함께 그 집에 도착하였다. 이미 장례가 진행 중이었으며 사람들은 슬퍼하며 울고 있었다.

예수는 그들을 향하여 "슬퍼하지 말라. 이 아이가 죽은 것이 아니라 자고 있다."라고 말씀하셨다. 이 말씀을 들은 사람들은 예수를 비웃었다. 예수는 그들을 다 내보내고 아이의 부모와 제자들만을 데리고 아이가 있는 곳으로 갔다. 그리고 그 아이의 손을 잡고 일으키며 "달리다굼"[5] 이라고 하니 죽었던 아이가 자리에서 일어났다. 이 광경을 본 사람들은 모두 크게 놀랐다.(막 5:21-43 참고)

나인 성 과부의 아들

예수가 말씀을 전하고 성으로 갈 때에 수많은 사람들이 동행하였다.

5 아람어로 '소녀야 일어나라.'라는 뜻이다.

예수와 사람들이 성문 가까이에 도착하였을 때, 사람들이 죽은 청년의 관을 어깨에 메고 나왔다. 그는 불쌍한 과부의 외아들이었다.

예수는 과부에게 울지 말라며 가까이 가서 그 관에 손을 대고 "청년아, 내가 네게 말하노니 일어나라."라고 말씀하셨다. 그러자 죽었던 청년이 일어나 앉아 말도 하게 되었다.(눅 7:11-17 참고)

나사로

예루살렘 근처에 베다니[6]라는 마을이 있었다. 그 마을에는 예수를 따르던 마르다와 마리아와 나사로 삼 남매가 살고 있었다. 어느 날 예수가 베다니로부터 하룻길인 베뢰아에 있었다. 예수께 사람이 와서 그 자매들의 소식을 전하였다.

"주님, 주님이 사랑하시는 이가 앓고 있습니다." 예수는 그 소식을 듣고 "그 병은 죽을 병이 아니다. 그것으로 오히려 하나님의 영광을 드러내고, 하나님의 아들도 영광을 받게 될 것이다."라고 말씀하셨다.

예수가 머물던 곳에서 말씀을 더 전한 후에 가서 보니, 나사로가 무덤 속에 있은 지 이미 나흘이 지났다.

이때 마리아가 예수에게 "주님이 여기 계셨더라면 내 오빠는 죽지 않았을 것입니다."라고 말하였다.

그러자 예수는 비통한 심정으로 무덤으로 가셨다. 그 무덤은 동굴로 되어 있었고 입구는 돌로 막혀 있었다.

예수는 하늘을 우러러 보며 기도 한 후 큰 소리로 무덤을 향해 말씀하셨다. "나사로야, 나오너라." 그때 죽었던 나사로가 밖으로 나왔다. 손발

6 감람 산 동쪽에 있는 작은 마을이다.

은 베에 묶인 채였고, 얼굴은 수건에 싸인 그대로였다.(요 11:1-44 참고)

오늘도 우리가 병들었을 때에 기도하며 의료진의 도움을 받으면 하나님은 우리의 병을 고쳐 주신다. 우리 몸의 질병과 함께 마음의 병도 고침 받을 수 있다. 하나님에게 간절한 마음으로 기도하며, 병원과 의료진의 힘을 빌리면 우리를 고통스럽게 하는 여러 가지의 질병과 죄책감, 우울증, 분노와 증오심, 게임 중독 등을 고침 받을 수 있다. 혼자 고민하지만 말고 기도하며 다른 사람들의 도움을 요청해야 한다.

살펴보기

1. 예수가 행한 이적 중 인상적인 이적은 무엇인지 살펴봅시다.

2. 우리 주변에서 믿음으로 병 고침을 받은 사례가 있는지 살펴봅시다.

3. 중한 병에 걸린 사람에게 필요한 종교적 돌봄에는 어떤 것이 있는지 살펴봅시다.

제9부

교회의 역사

1. 교회의 시작
2. 시련 속에서 성장하는 교회
3. 세계 선교의 문을 여는 교회

1. 교회의 시작

1.1. 교회의 시작

베드로의 고백

예수가 가이사라 빌립보[1] 지방에서 제자들에게 "너희는 나를 누구라 하느냐?"라고 물으셨다.

그때 시몬 베드로가 "주는 그리스도시요. 살아계신 하나님의 아들이십니다."라고 고백하였다.

그러자 예수는 '교회'라는 말을 처음으로 사용하시면서, 베드로의 이 고백 위에 교회를 세우시겠다고 말씀하셨다.

"너는 베드로라. 내가 이 반석 위에 내 교회를 세우리니 음부의 권세

1 팔레스타인 최북단에 있는 헤르몬 산의 서남쪽 기슭에 있는 성이다. 갈릴리 호수에서 북방 40km 지점에 있는 요단강 수원지 근처에 있다.

가 이기지 못하리라."(마 16:18)

이 약속은 주님이 십자가에서 못 박혀 죽으시고, 죽은 지 3일 만에 부활하시고, 승천하신 후에 이루어졌다.

열두 제자를 포함한 120여 명이 예루살렘 마가의 다락방에 모여 기도할 때에 성령의 역사가 일어났고, 예루살렘 교회 시작의 원동력이 되었으며, 교회 성장의 주춧돌이 되었다. 특별히 베드로는 여러 말로 확증하며 복음을 담대하게 전하였다. 베드로의 설교를 들은 사람들이 3,000명이나 예수를 그리스도로 영접하며 그리스도인이 되기로 결심하기도 하였다. 이것이 초대 교회의 시작이다.(행 2:38-41 참고)

사명 공동체

예수는 그의 제자들에게 감람 산[2]에서 승천하시면서 다음과 같이 선교의 사명을 주셨다.

"오직 성령이 너희에게 임하시면 너희가 권능을 받고 예루살렘과 온 유대와 사마리아와 땅 끝까지 이르러 내 증인이 되리라."(행 1:8)

그러므로 교회는 단순한 모임이 아니라 사명을 받고, 그 사명을 실천하는 사람들의 공동체이다.

교회는 세상과는 별도로 떨어져 존재하는 단체도 아니고 세상을 섬기는 공동체이다.

교회가 이 사명을 잘 감당하기 위해서는 말씀과 성령 안에 있어야 한다. 왜냐하면 교회란 예수님의 말씀으로 약속되었고, 성령 체험을 한 사람들에 의해서 세워졌으며, 성령을 받아야 그 사명을 감당할 수 있기

2 예루살렘 동쪽에 있는 산으로 감람나무가 많아서 감람 산이라 부른다.

때문이다.

그러므로 예수의 말씀을 듣고 배우고 말씀에 따라 생활하는 삶, 즉 예배, 사귐, 섬김은 신앙생활의 중심이다.

그리스도의 몸

사도 바울은 교회를 그리스도의 몸이라고 설명하였다.

그렇다면 '그리스도의 몸'이란 어떤 의미를 말하는 것일까?

첫째, 교회는 예수 그리스도와 관계되어 있는 공동체이다. 예수 그리스도가 주인이고, 예수 그리스도를 중심으로 하며, 예수 그리스도를 영화롭게 하는 것이 교회이다.

둘째, 교회는 통일성이 있는 공동체이다. 교회는 개개인의 의사와 행위를 초월하는 통일성이 있다. 기독교는 그 법규와 교리와 교회 제도에서 다양성을 가지고 있다. 그럼에도 불구하고 이 모든 요소가 예수 그리스도 안에서 통일을 이룬다.

셋째, 교회는 하나의 조직으로 이루어진 공동체이다. 몸이 여러 지체를 가지고 있으나 하나인 것처럼, 교회도 하나님의 영광을 위하며, 교인들의 공동 이익을 위하며, 그리고 세상을 섬기기 위하여 예수 그리스도 안에서 이루어진 한 공동체이다.

넷째, 교회는 생명력을 가지고 있는 공동체이다. 몸이란 전인적全人的[3] 개념이며, 몸이 있다는 것은 생명이 있다는 뜻이기도 하다. 교회는 생명이 있기 때문에 '주는 그리스도시요. 살아계신 하나님의 아들입니다.'라

3 인간의 세 가지 심적心的 요소인 지성, 감정, 의지를 균형 있게 갖추어 원만한 인격체를 말한다.

는 신앙을 고백하는 공동체이다.

1.2. 초대 교회의 모습

교인들의 모습

오순절 성령 강림 이후 초대 교회의 교인들은 예수 그리스도를 믿는 믿음과 사도들의 가르침, 성령이 역사하심으로 하나가 된 공동체였다.

초대 교회의 특징

첫째, 초대 교회는 교제하는 공동체였다. 성령으로 하나 된 그들은 날마다 마음을 같이하며, 성전에 모여 떡을 떼며 하나님을 찬양하였다.

둘째, 초대 교회는 모든 물건을 공동으로 소유하고 공동으로 사용했으며, 소유를 팔아 사람의 필요에 따라 서로 나누며 생활하였다.

셋째, 초대 교회는 사도들로 말미암아 이적과 표적이 많이 나타나는 공동체였다.

넷째, 초대 교회는 하나님의 말씀을 듣고 전하는 일에 힘쓰는 공동체였다. 성령 강림을 체험한 자의 증거는 바로 복음 전파의 삶을 통하여 나타났다.

다섯째, 초대 교회는 하나님을 찬양하고 사람들에게 인정을 받았으며, 구원 받는 사람들이 많아지는 공동체였다.

따라서 초대 교회의 모습은 결국 예수 그리스도를 믿지 않는 사람들로부터 칭찬을 받게 되었고, 많은 사람들이 초대 교회 공동체의 일원이 되었다.

1.3. 초대 교회의 성장

일곱 집사를 세우다

초대 예루살렘 교회는 한마음 한뜻이 되어 모든 물건을 자기 소유로 하지 아니하고 서로 통용하는 아름다운 모습을 가지고 있었지만, 교인들의 수가 많아지면서 문제가 발생하게 되었다.

당시 교회는 가난한 과부寡婦[4]들과 고아들을 돕고 있었는데, 이 구제에 대해서 '헬라파 유대인들'[5]과 '히브리파 유대인들'[6] 사이에서 분배의 문제로 갈등이 생겼다.

이 문제를 효과적으로 해결하기 위하여 사도들은 교인 중에서 성령과 지혜가 충만하고 사람들로부터 칭찬 받는 일곱 사람[7]을 집사로 세워 초대 교회 지도자로 삼았다.

이들 일곱 명의 집사들은 구제 사업을 전담하기 위하여 세움을 받았지만, 집사 중에는 말씀을 잘 전하는 자도 있었기에 초대 교회가 확장되는 데 큰 도움이 되었다.

4 남편이 죽어서 혼자 사는 여자를 말한다.
5 유대 땅이 아닌 다른 나라에 흩어져 살다가 유대 땅으로 들어온 헬라어를 사용하는 유대인들을 말한다.
6 이스라엘 땅에서 출생하고 성장해서 히브리어(또는 아람어)를 사용하는 유대인들을 말한다.
7 일곱 집사: 스데반, 빌립, 브로고로, 니가노르, 디몬, 바메나, 니골라.

살펴보기

1. 교회는 어떻게 시작되었는지 살펴봅시다.

2. 초대 교회와 현대 교회의 공통점과 차이점은 무엇인지 살펴봅시다.

3. 지도자의 자격에는 어떤 것이 있는지 살펴봅시다.

2. 시련 속에서 성장하는 교회

2.1. 스데반의 순교

스데반

초대 교회의 지도자인 일곱 집사는 구제하고 말씀을 전하며 병을 고치는 등 다양한 일들을 행하였고, 성령과 지혜가 충만하여 많은 사람들에게 칭찬 받는 사람들이었다.

그중에서도 스데반은 주로 회당에 출입하면서 전도하다가 성전과 모세의 율법을 거스른다는 이유로 유대교 지도자들로부터 분노를 사게 되었다.

결국 유대교 지도자들은 스데반을 제거하기 위해 거짓 증인을 내세워 고소하였고, 많은 사람들을 선동하여 스데반을 돌로 쳐 죽였다.

스데반은 피 흘리며 죽는 순간에도 예수처럼 기도하였다.

그의 기도는 두 마디였다.

하나는 “주 예수여, 내 영혼을 받으시옵소서.”(행 7:59)였고, 또 하나는 “주여, 이 죄를 그들에게 돌리지 마옵소서.”(행 7:60)였다.

스데반은 순교의 순간에도 무릎을 꿇고 원수를 사랑하는 본을 보였다. 그 순교의 현장에는 후에 바울이라는 이름으로 복음을 전파한 사울이 지켜보고 있었다.

2.2. 사마리아와 땅 끝까지 선교

땅 끝까지 이르러 내 증인이 되리라

전도자 빌립은 예수가 명하신 대로 어느 곳이나 거침없이 용감하게 나아가 복음을 전파한 초대 교회의 주요 인물 중의 하나였다.

빌립은 박해로 인해 예루살렘에서 쫓겨난 처지였기 때문에 쉽게 사마리아인들과 접할 수 있었다. 사마리아 지역에 들어간 빌립은 더러운 귀신을 쫓아내고, 많은 병자들을 고쳐 주며, 복음을 전파하니, 많은 사람들이 예수 그리스도를 믿고 따르게 되었다.

어느 날, 빌립은 이스라엘 남쪽으로 가라는 주의 천사의 지시를 받고 가다가, 에티오피아 여왕 간다게의 내시(왕실 고위직, 왕실 국고 관리인)를 만나게 되었다.

그 내시는 예루살렘에 예배하러 왔다가 돌아가면서 성경 이사야서를 읽고 있었으나, 거기에 나오는 메시아의 고난이 무엇을 말하는지를 알지 못하고 있었다.

빌립이 자세히 설명해 주고 예수 그리스도를 증거하며, 마침내 그에

게 세례를 베풀기까지 하였다.(행 8:26-40 참고)

"오직 성령이 너희에게 임하시면 너희가 권능을 받고 예루살렘과 온 유대와 사마리아와 땅 끝까지 이르러 내 증인이 되리라."(행 1:8)라고 한 말씀의 성취가 진행되는 과정이 사도행전에 기록되어 있다.

2.3. 바울의 등장

바울

바울은 초대 교회에서 예수를 통해 가장 극적인 변화를 겪고, 새로운 삶을 산 사람이다.

바울은 유대교에 열심이었으며 예수 공동체를 핍박하는 일에 앞장섰다. 그랬던 그가 부활한 예수를 만난 후에는, 오히려 자신이 고난을 겪으면서도 예수의 복음을 증거하는 일에 일생을 바쳤다.

유대에서 세계로

스데반의 순교와 교회에 밀어닥친 커다란 박해는 '흩어지는 교회'로서의 책임과 의무를 다하지 못한 예루살렘 교회에 대한 채찍이라고 볼 수도 있다.

바울의 등장으로 교회가 '모이는 교회'에서 이방 세계로 '흩어지는 교회'의 모습으로 탈바꿈하기 시작하였다.

바울은 이방인의 사도로서 활동하기에 가장 적합했던 인물 중의 하나였다. 바울은 헬라 철학의 본고장이고 동서양 합류 지점에 위치한 길리기아 다소(지금의 터키 남부)에서 출생하였다. 그는 왕족인 베냐민 지파 출신의 유대인으로, 로마 시민권을 소유한 사람이요 가말리엘에게서 배운 유대 율법에 정통한 학자였다.

후에 바울이라는 이름으로 활동한 사울은 예루살렘 교회를 박해하던 일에 열심이었고, 교회를 근절시키기 위해 이스라엘을 넘어서 시리아 지역으로까지 활동 영역을 넓히기도 하였다.

사울은 산헤드린 공의회의 허가를 받고 예수 그리스도를 믿는 사람들을 잡아 예루살렘으로 데려오기 위해 다메섹(다마스쿠스)으로 가고 있었다.

사울은 예수 그리스도를 만나기 전에는 하나님에 대한 정의감으로 그리스도인들을 박해하였고, 그 자신의 행위에 대해서는 조금도 잘못이라고 생각하지 못하였다.

사울은 다메섹에 가까이 이르렀을 때, 하늘에서 비추는 빛 가운데 들려오는 음성을 듣게 되었다. 그리고 그는 눈이 멀어 아무것도 볼 수 없게 되었다. 눈이 먼 채로 다메섹에 들어온 사울은 아나니아를 만나 그에게서 눈을 고침 받고 세례를 받게 된다.

그 후에 교회를 박해하던 이 사울이 바울[1]이라는 이름으로, 여러 지역을 다니면서 예수 그리스도를 하나님의 아들이라고 증거하는 놀라운 전도자가 되었다.

사람들이 바울의 회심을 의심하기도 하고 심지어 유대인들은 배신자

1 바울은 다소에서 출생한 디아스포라 유대인이었기에, 유대 이름인 사울과 로마 이름인 바울이라는 두 이름을 가졌다.(행 13:9) 바울이 사울이 아닌 바울로 불리어지게 된 것은, 본격적으로 이방인들에게 복음을 전하게 되면서부터이다. 바울은 로마의 행정 지역인 이방세계에서 복음을 전하기 시작하면서부터 바울이 더 적합하다고 생각한 것 같다.(행 13:13)

가 되었다고 그를 죽이려고까지 하였으나, 바울은 훗날 교회를 세우는 일에 중요한 역할을 한다.

살펴보기

1. 예수와 스데반의 죽음의 공통점은 무엇인지 살펴봅시다.

2. 전도자 빌립이 에티오피아 내시에게 전한 복음의 영향은 선교에 어떤 영향을 가져왔는지 살펴봅시다.

3. 바울이 회심한 상황(장면)은 어떠했을까 살펴봅시다.

3. 세계 선교의 문을 여는 교회

3.1. 최초의 선교사 파송

안디옥 교회

초대 교회 교인들은 대부분 유대인이었고 더구나 그중에는 율법에 엄격한 자도 많았다. 따라서 기독교는 유대교의 한 종파 정도로만 생각하고 이방인들을 배격해 버릴 우려가 있었다.

이러한 편견이 깨진 동기가 된 사건은, 바로 가이사랴에 주둔하고 있던 로마 군부대의 백부장인 고넬료의 가정에 복음이 전파된 사건이었다.

그는 로마 군대의 장교로서 이방인이지만 식민 통치하의 유다 백성에게 자비를 베풀고 하나님을 경외하며 기도하는 사람이었다.

그는 베드로를 초청하여 복음을 듣고 이방인으로서 최초로 세례를 받았다. 이렇게 이방 세계에도 복음이 전파되기 시작하였다.(행 10:1–

11:18 참고)

예루살렘 교회가 박해를 받자 많은 그리스도인들이 여러 곳으로 피하여 흩어져 갔다.

베니게, 구브로, 안디옥까지 흩어졌으며, 안디옥(오늘날 터키의 안타키아)에서는 유대인이 아닌 이방 사람들에게도 복음을 전하기 시작하였다. 그 결과 놀랍게도 이방인 가운데 예수 그리스도를 믿는 사람들이 많아졌다.

이 소식을 전해 들은 예루살렘 교회는 바나바를 안디옥 교회에 파송해서 바울과 함께 교회를 돌보게 하였다.

선교사 파송

교인들이 그리스도를 사랑하고, 그리스도를 닮은 삶을 살면서 모든 사람들에게 모범을 보이는 삶을 살고 있었기에, 안디옥 사람들이 안디옥 교회의 교인들에게 '그리스도인'이라고 처음으로 불러 주었다. 우리도 그리스도의 삶을 본받아 '그리스도를 닮은 사람'이 되어야겠다.

안디옥 교회는 성령의 지시를 받아 바나바[1]와 바울을 택하여 금식하며 기도하고 안수하여 선교사로 파송하였다.

이후 안디옥 교회는 바울의 전도여행의 출발지이자 도착지로서의 역할을 하게 되었다. 이렇게 해서 안디옥 교회는 이방인들을 위한 기독교의 중심지이자 세계를 복음화하는 베이스캠프Base camp가 되었다.

1 구브로(키프로스) 태생의 레위인으로, 본명은 요셉이며, 바나바는 사도들이 '위로의 아들'(행 4: 36)이라는 뜻으로 지어 준 애칭이다.

바나바

어느 날 갑자기 사람이 180도 달라진다면, 아무래도 그 변화를 쉽게 믿기가 어려울 것이다. 교회를 앞장서서 핍박하던 사울이 예수를 따르는 제자가 된 것을 사람들이 믿지 못하는 것은 당연하였다. 아무도 사울의 회심을 믿으려 하지 않았다. 오히려 교인들은 사울을 두려워하고 멀리하였다. 사람들은 이전에 사울이 어떤 사람이었는지, 그가 얼마나 심하게 교회를 핍박하고 교인들을 괴롭혔는지 잘 알고 있었다.

모두가 사울을 두려워하고 믿지 않는 이때, 사울을 믿어주는 한 사람이 있었다. 그가 바로 바나바였다. 그는 사울을 믿어 주고 사도들에게 데리고 가서 사울의 회심에 대하여 자세히 이야기해 주었다. 사울을 적극적으로 변호해 주며 옹호하였다. 모든 사람들이 사울을 불신하고 멀리하였지만, 바나바는 사울을 믿어 주었다.

사도들은 바나바의 말을 믿고 사울을 받아들이게 된다. 바나바는 신실한 사람이며, 정직한 사람이었다.(행 9: 26-31 참고)

바나바는 후에 안디옥 교회의 파송으로 바울과 함께 최초로 세계를 복음화시키는 선교사가 되었다.

3.2. 바울의 전도 여행

제 1차 전도 여행

바울의 전도 여행은 3차에 걸쳐 이루어졌다. 바울은 이 전도 여행 활동을 통해서 이방인들을 구원하고자 하시는 하나님의 뜻을 확인할 수가 있었고, 이방인들을 구원하기 위해 선택받은 자신의 사명을 잘 감당하였다.

바울의 1차 전도 여행 활동은 기원후 46-48년경에 이루어졌다. 주로 구브로(키프로스)와 소아시아 지방을 중심으로 실현되었다.

바울은 이 기간에 예루살렘에서 모인 공회公會에 참석하여, '구원은 오직 예수 그리스도를 믿는 믿음에 의해서 하나님의 은혜로 얻어진다.'는 교리를 확정시켰다.

그래서 유대의 전통을 따르지 않는 이방인들에게도 '예수 그리스도를 믿음으로 구원을 받는다.'라는 확신을 심어 주었다.

제 2차 전도 여행

바울의 2차 전도 여행 활동은 동남부 유럽, 마게도냐, 아가야를 중심으로 이루어졌다.

빌립보를 베이스캠프로 한 이 활동은 기원후 49-52년 사이에 이루어졌고, 이때 바울은 실라와 함께 일하였다.

예루살렘 공회에서 이방인 전도에 대한 지지를 이끌어 낸 바울은 실라와 함께 2차 전도 여행을 시작하였다.

바울은 2차 전도 여행에서 바나바와 동행하지 못한다. 1차 전도 여행 당시에 함께 가던 마가[2]가 고생을 견디지 못하고 중간에 집으로 돌아가 버렸었다. 그래서 바울은 마가와 동행하는 것을 원하지 않았고 바나바

2 요한으로 언급(행 12:25, 13:5,13, 15:37)된 것을 제외하고는 신약 성경 모든 곳에서 라틴식 성姓인 마가로 불린다. 사도행전에 따르면 예루살렘에 있던 그의 어머니 집은 그리스도인들의 생활 중심지였고(행 12:12), 그는 바나바와 바울을 따라 안디옥으로 갔으며(행 12:25), 그곳에서 두 사람의 전도여행(행 13:5)을 돕는 사람이 되었다. 마가복음의 저자로 알려진 사람이다.

는 마가의 동행을 원하는 이견異見[3]이 생겼다. 결국 두 사람은 각자 팀을 만들어 전도 여행을 떠나게 되었다.

2차 전도 여행에서 바울은 실라를 동역자로 택하여 출발하였다. 바울은 2차 전도 여행 중에 드로아에서 "마게도냐[4]로 와서 우리를 도우라." 라는 환상을 보고 바다를 건너 유럽의 첫 도시 빌립보에 교회를 세웠다.

바로 이곳이 바울과 실라가 감옥에서 한밤중에 하나님을 찬양하다가 풀려난 기적이 일어났던 곳이기도 하다.

제 3차 전도 여행

바울의 3차 전도 활동은 안디옥에서 시작하였으며, 주로 에베소[5]를 중심으로 이루어졌다.

바울은 오늘날의 터키 지역인 소아시아의 에베소에서 3년을 머물며 힘을 다해 전도 활동을 하였고 그 결과 큰 선교의 성과를 거두었다.

3 다른 의견이나 생각을 말한다.

4 로마의 한 도都로서 지금의 마케도니아이며, 빌립보, 데살로니가, 베뢰아 등의 도시가 모두 여기에 있다.

5 에베소는 바울이 2차 전도 여행 시에는 잠시 들렀으나 3차 전도 여행 시에는 세례를 베풀고, 안수하니 성령이 강림하고 방언과 예언도 하자 이것을 본 마술을 행하던 많은 사람들이 마술 책을 불사르고 예수를 믿었다. 사도 바울은 에베소에 머물면서 성경을 가르치기도 하였다. 사도 요한이 요한복음, 요한1·2·3서를 기록한 곳이기도 하며, 의사이며 누가복음과 사도행전을 기록한 누가의 묘가 있는 곳이기도 하다.

디모데

사도 바울이 45년-46년에 첫 번째 전도 여행 도중 소아시아의 남부 지방 리스트라를 방문했을 때 그의 집에 유숙留宿[6]하게 되는 것을 인연으로 바울은 디모데를 매우 신임하였다.

디모데는 바울의 2차 전도 여행에서는 바울과 동행하였고, 3차 전도 여행에서도 선구자로서 예루살렘까지 바울과 같이 갔었다.

그러나 디모데는 예루살렘으로 간 바울이 체포되어 가이사랴 감옥에서 2년을 보내게 되면서 바울과 헤어져서 에베소로 돌아왔다.

디모데는 예수를 믿는 유대사람인 유니게와 그리스 사람인 아버지 사이에서 태어났으며, 외할머니 로이스도 예수를 믿는 유대인이었던 것으로 보인다. 그래서 사도 바울은 디모데에게 보낸 서신에서 디모데가 기독교 집안에서 자랐음을 언급하고 있다.(행 16:1, 딤후 1:5 참고)

디모데는 바울의 제자로 에베소 교회의 목회자가 되었고 바울에게서 2편의 편지를 받았으며, 초대 교회의 지도자로서 더욱 복음 전파에 힘썼다.

바울의 업적

바울은 초대 교회에서 베드로와 더불어 중요한 역할을 하였다.

베드로가 초대 교회를 세우고, 지키며, 교인들을 일치시키는 일을 하였다면, 바울은 이방세계에 전도하고, 교리 체계를 세우며, 말씀을 가르치는 일을 하였다.

6 여장을 풀고 묵다, 남의 집에서 묵는다는 뜻이다.

바울의 업적을 요약해 보면 다음과 같다.

① 기독교의 세계화를 실현시켰다. 그리스도의 복음이 유대교와 이스라엘의 제도에서 벗어나 전 인류를 위한 복음이라는 것을 선언한 것이다.
② 예루살렘 교회가 세워진 이후 여기저기 세워진 교회의 각종 문제를 복음 안에서 해결하여, 교회의 순수성을 지켜 나갈 수 있도록 하는 데 공헌하였다. 그가 쓴 많은 서신들은 교회의 신앙생활에 대한 해답서라고 할 수 있다.
③ 교회를 세우는 데도 큰 공헌을 하였다. 빌립보 교회, 고린도 교회, 갈라디아 교회, 데살로니가 교회 등은 바울에 의해서 세워진 교회들이다.
④ 기독교 교리를 체계화하는 데 큰 공헌을 하였다. 바울은 예수의 가르침을 정리하였다.

바울은 예수 그리스도 이후 최고의 선교사이자 교사라고 할 수 있다.

3.3. 땅 끝을 향한 하나님의 계획

로마를 통해 세계로

바울은 3차 전도 여행을 마치고 예루살렘으로 돌아왔다.

땅 끝까지 선교하기를 원했던 바울은 많은 사람들이 예루살렘으로 가면 체포되어 죽을지도 모른다고 염려하며 말렸지만, 바울은 평소 '로마에 가서 복음을 전한다.'는 자신의 소원을 이룰 수 있는 길이라고 생각하였기에 예루살렘으로 갔다.

바울은 예루살렘에서 체포되었고 총독 벨릭스와 베스도에게 고문을 당하였다. 바울의 의도대로 로마로 호송되어 가는 길에 '유라굴로'라는 태풍을 만나 타고 가던 배가 파선되기도 하고, 멜리데 섬에 도착해서는 독사에게 물리기도 하는 등 여러 고난 속에서 마침내 로마에 도착하였다.

"바울이 온 이태를 자기 셋집에 머물면서 자기에게 오는 사람을 다 영접하고 하나님의 나라를 전파하며 주 예수 그리스도에 관한 모든 것을 담대하게 거침없이 가르치더라."(행 28:30−31)

바울은 로마에서 복음을 전하다가 순교했지만, 복음은 지금도 전 세계 모든 백성, 민족을 뛰어넘어 계속 전파되고 있다.

3.4. 고난 속에 세워진 교회

실천의 종교

야고보서는 기독교인들에게 실천의 종교, 행함의 신앙을 강조하고 있다는 점에서 높이 평가되고 있다. 야고보는 이 서신의 중심부에 믿음과 행함을 말하고 있다. 행함이 없는 믿음은 죽은 믿음(약 2:17)이라고 확인하며 믿음으로만이 아니라 행함으로 의롭다함을 얻을 수 있다고 한다. 행함을 강조함으로 바울의 칭의稱義, Justification[7] 교리를 보완하고 있다.

야고보의 가르침은 "나더러 주여 주여 하는 자마다 다 천국에 들어갈 것이 아니요. 다만 하늘에 계신 내 아버지의 뜻대로 행하는 자라야 들어가리라."(마 7:21)라는 교훈과 비슷하다. 또한 "선을 행할 줄 알면서도

7 의롭다고 일컫는다는 뜻이다.

행치 않는 것이 죄"(약 4:17)라는 죄에 대한 독특한 정의를 내려 법을 어기는 범법犯法 죄만이 아니라 알면서도 행하지 않는 태만怠慢 죄까지도 강조하여 예수의 정신에 더 근접해 있다고 말할 수 있다.

"너희 중에 누구든지 그에게 이르되 평안히 가라, 덥게 하라, 배부르게 하라 하며 그 몸에 쓸 것을 주지 아니하면 무슨 유익이 있으리요. 이와 같이 행함이 없는 믿음은 그 자체가 죽은 것이라."(약 2:16-17)

박해 원인

로마 정부는 황제 숭배를 인정하지 않는 종교는 원칙적으로 불법으로 규정하였다. 그러나 유대교만은 그 특수성을 인정하여 합법화하였고 최소한의 자율권을 부여하였다.

기독교가 유대교의 한 종파이긴 해도 근본적으로 서로 다른 종교임이 밝혀지자 로마 정부는 기독교를 탄압하였다.

그 이유를 살펴보면 다음과 같다.

① 기독교는 황제 숭배를 인정하지 않는다. 당시 로마는 황제를 신神이라고 하여 로마 시민은 물론 모든 식민지 백성들에게 황제를 섬기도록 강요하였다. 그러나 기독교는 이 명령을 이행하지 않았다.

② 로마는 기독교 의식인 성찬식[8]에 대해 오해하였다. 성찬식은 예수 그리스도의 죽음을 기념하는 의식인데, 로마 정부는 사람들을 죽여 그 살을 먹고 피를 마시는 행위로 오해하였다.

8 예수 그리스도의 죽음을 기념하는 예식으로 떡은 예수의 살을, 포도주는 예수의 피를 상징한다.

③ 로마 정부는 기독교가 국가 안전을 위협하는 단체라고 생각하였다. 교회라는 조직이 있고 따르는 자들이 점점 많아지고 그 규모가 커지자, 그 단체가 반국가적反國家的인 집단으로 변모할 위험이 있다고 생각한 것이다.

박해 시작

이런 상황에서 로마 황제 네로Nero(재위 54-68)[9]는 로마의 화재 사건을 기독교인의 소행이라고 헛소문을 퍼뜨리면서 대대적인 박해를 시작하였고, 그 이후 트라야누스Trajanus(재위 98-117)와 마르쿠스 아우렐리우스Marcus Aurelius(재위 161-180) 황제 때도 박해가 있었다.

특히 디오클레티아누스Diocletianus(재위 284-305) 황제 때는 박해가 극심해서 성직자들은 체포되었으며, 기독교인들은 관직 박탈과 아울러 황제 숭배를 강요받았다.

주의 재림의 지연

핍박과 박해로 어려움을 겪으면서도 예수가 친히 약속한 주의 재림을 기다리며 시련을 견디는 초대 교회 교인들은 주의 재림이 더디 옴에 안타까워하였다.

그러나 기다리고 기다려도 주의 재림은 없고 핍박과 박해는 더욱 심해져 가는 상황에서 주님의 재림의 때가 궁금하게 되었다.

9 로마 제국의 제5대 황제. 잔인하고 포악한 성격으로 의붓동생과 어머니를 죽였으며, 기독교인에게 화재의 책임을 물어 몰살시키는 등의 악행을 저질렀다. 반란이 일어나자 자살하였다.

교회 지도자들은 다음과 같은 말씀으로 초대 교회 교인들이 박해와 시련 때문에 믿음을 포기하거나 절망하지 않고 박해를 잘 극복하도록 위로하고 격려하며 희망을 주었다.

"사랑하는 자들아 주께는 하루가 천 년 같고 천 년이 하루 같다는 이 한 가지를 잊지 말라. 주의 약속은 어떤 이들이 더디다고 생각하는 것같이 더딘 것이 아니라 오직 주께서는 너희를 대하여 오래 참으사 아무도 멸망하지 아니하고 다 회개하기에 이르기를 원하시느니라."(벧후 3:8-9)

주의 재림(종말)은 언제 오나?

"무화과나무의 비유를 배우라. 그 가지가 연하여지고 잎사귀를 내면 여름이 가까운 줄을 아나니 이와 같이 너희도 이 모든 일을 보거든 인자가 가까이 곧 문 앞에 이른 줄 알라. 내가 진실로 너희에게 말하노니 이 세대가 지나가기 전에 이 일이 다 일어나리라. 천지는 없어질지언정 내 말은 없어지지 아니하리라. 그러나 그 날과 그 때는 아무도 모르나니 하늘의 천사들도, 아들도 모르고 오직 아버지만 아시느니라."(마 24: 32-36)

종말의 날과 때는 아무도 모르고 오직 하나님만 아신다. 그럼에도 날짜와 시간을 미리 알리며 주의 재림(종말)을 강조하는 자들이 종종 있는데 이들을 경계하고 조심해야 한다.

죽음(종말)은 탑승편搭乘便의 날짜가 구체적으로 정해지지 않은 예약 항공권航空券, open ticket과 같다. 주의 재림의 날이 다가오고 있는 일은 분명하기에 늘 깨어 준비하며 살아야 한다.

개인적인 종말(죽음)과 세상의 마지막 날(주의 재림)은 분명히 다르다. 그러나 현실적으로는 한 개인의 죽음(종말)은 그 사람에게는 세상의 마지막 날이기도 하다.

순교자들

극심한 박해에도 불구하고 대다수의 기독교인들은 순교를 각오하며 믿음을 지켰으며, 많은 성직자들은 기꺼이 순교하였다.

안디옥의 이그나티우스Ignatius(?—108년경)는 "나는 맹수의 이빨 사이에 낀 하나님의 곡식으로 빻아져서 주님을 위한 거룩한 빵이 되고자 한다."라고 말하면서 순교하였다.

폴리카르푸스Polycarpus(69—155년경)[10]는 거짓말이라도 예수를 안 믿겠다고 한 마디만 해 주면 살려 주겠다는 로마 관리의 요구를 다음과 같은 말로 거절하면서 순교의 길을 택하였다.

"내가 86년 동안 예수를 섬겨 왔으나 그분은 한 번도 나를 배반하지 않았다. 내가 어떻게 나를 구원해 주신 나의 왕을 배반할 수 있겠는가?"

기독교는 이런 박해 속에서도 꿋꿋하게 믿음을 지킨 순교자들의 믿음과 헌신에 의해 유지되었다.

새로운 도전

오순절 이후 기독교는 로마 제국 전역으로 급속히 확산되었고 기존의 이방 종교들과 충돌하게 된다. 종교에 대해 관대했던 로마는 1세기 말에 대제국을 건설한 후 황제 숭배사상을 도입한다. 마침내 로마는 황제 숭배를 거부하는 기독교를 본격적으로 탄압하였다. 바로 이때 사도 요한은 밧모 섬에 유배되었다.

10 사도 요한의 제자이자 서머나의 감독으로서, 2세기 교회사教會史에서 가장 중요한 인물들 중 한 사람이다.

이러한 상황에 초대 교회 교인들은 심각한 박해로 고난 당하며 배교背教[11]의 유혹을 받는 어려운 상황에 처하게 되었다. 그리하여 사도 요한은 밧모 섬에서 요한계시록을 기록하였다.

상징 언어 해석을 조심해야

당시 박해와 핍박을 받는 교인들을 위로하고 격려하기 위하여 기록한 책이 요한계시록이다. 그러하기에 요한계시록은 로마 정부에서는 알아볼 수 없는 상징 언어와 숫자들로 기록된 성격의 책이기에 정말로 조심해서 읽으며 해석해야 한다.

한 예로 요한 계시록에 나오는 '십사만 사천'(계 7:4, 14:1, 14:3)은 12 X 12 X 1,000으로 되어 있다. 구약의 성도를 대표하는 12 지파와 신약의 구원 받은 자를 대표하는 12 사도와 충만하고 많은 수(10 X 10 X 10)를 가리키는 1,000을 곱한 수數이다. 그러기에 실수實數가 아니고 상징으로 구원 받은 자의 충만한 수를 상징하며, 구원 받은 모든 성도를 가리킨다.

그럼에도 불구하고 이단이나 사이비 교단은 요한계시록에 나오는 '십사만 사천'이라는 수는 상징 언어가 아니라 실수實數라고 주장하며 이 수에 포함되려면 우리에게 오라고하며 믿음이 약한 교인들을 현혹하고 있으니 늘 조심하고 또 조심해야 한다.

새로운 세계를 바라보게 하다

성경의 마지막 책인 요한계시록은 이 땅에서 악의 세력과 더불어 항

11 믿던 종교를 배반한다는 뜻이다.

상 믿음의 선한 싸움을 계속해야 하는 하나님의 자녀들을 위하여 쓰여진 책이다. 특히 마지막 때에 나타날 악의 세력에 의해 박해와 유혹을 받게 될 교인들로 하여금 그리스도의 재림과 그 이후에 있을 심판과 구원의 날, 즉 새 하늘과 새 땅의 모습을 보여주고 있다.

요한계시록을 읽는 교인들은 고난과 역경을 이겨낸 후에 있을 영광스러운 미래, 곧 새로운 세계를 바라보며 박해와 유혹을 이겨 내는 새 힘을 얻는다.

살펴보기

1. 바울과 실라는 어떻게 파송되었는지 살펴봅시다.

2. 바울의 전도여행을 살펴봅시다.

3. 바울의 업적을 살펴봅시다.

참고문헌

『중학교 종교(기독교) 중』, 한국기독교학교 연맹, 2008.

『중학교 생활과 종교 상』, 한국기독교학교 연맹, 2012.

『중학교 생활과 종교 중』, 한국기독교학교 연맹, 2012.

『중학교 생활과 종교 하』, 한국기독교학교 연맹, 2012.

『고등학교 종교(기독교) 중』, 한국기독교학교 연맹, 2011.

대한예수교장로회총회 교육자원부 편, 『종교와 삶(Ⅰ) 중학교 1』, 한국장로회 출판사, 2014.

____________________, 『종교와 삶(Ⅱ) 고등학교 2』, 한국장로회 출판사, 2014.

강성선, 『기독교에 관한 대학생들의 질문 60가지』, 한신대학교출판부, 2004.

김종석 공저, "이 땅에 오직 한 스승이 계시니", 한국기독교장로회 교목협의회, 『오직 한 분뿐인 스승 예수』, 너의오월, 2013.

박윤선, 『성경주석 계시록』, 영음사, 2005.

박재갑, 『사도행전』, 좋은 땅, 2013.

오종윤, 『구약 문지방 넘기』, 만우와장공, 2007.

전 광, 『백악관을 기도실로 만든 대통령 링컨』, 생명의말씀사, 2003.

최용덕 편저, 「찬미예수 2000」, SNG코이노니아, 2003.

편집부 편저, "성서에 관하여", 대한성서공회, 2015.

한승진 공저, "네가 좌하면 나는 우하고", 한국 기독교장로회 교목협의회, 『오직 한 분뿐인 스승 예수』, 너의오월, 2013.

허식, "인간을 온전케 하는 책", 『십 분간의 사색』 34호, 대성중·고등학교, 2007.

노만 페린N. Perrin·데니스 C. 덜링D.C. Duling, 『새로운 신약성서개론 상·하』, 박익수 역, 한국신학연구소, 1991.

옷토 카이저Otto Kaiser, 『구약성서 개론』, 이경숙 역, 분도출판사, 1995.
윌리암 람세이Wm. M. Ramsay, 『사도 바울』, 박우석 역, 생명의 말씀사, 1988.
프랜시스 마틴 역음, 토머스 C. 오든 책임편집, 『사도행전(교부들의 성경주해)』, 이혜정 옮김, 분도출판사, 2011.

부록

살펴보기 해설

제1부 성경과의 만남

1. 성경이란 무엇인가?

1. 구약 성경과 신약 성경은 서로 어떤 관계가 있는지 살펴봅시다.

구약 성경은 예수 탄생 이전의 세계를 기록한 책으로 메시아(예수) 탄생에 대한 예언을 기록하였으며, 신약 성경은 예수 탄생 이후의 세계를 기록한 책으로 메시아(예수) 탄생의 예언 성취를 기록하였습니다.

신·구약 성경의 주인공은 예수 그리스도입니다.

2. 가장 감동적이라고 생각되는 성경 구절을 찾아 기록해 보고, 그 이유를 이야기해 봅시다.

여러 종류의 성경 구절과 이유가 나올 것입니다만 필자의 경우;

• 구약 성경: 창 12:1-4,

1 여호와께서 아브람에게 이르시되 너는 너의 고향과 친척과 아버지
의 집을 떠나 내가 네게 보여 줄 땅으로 가라. 2 내가 너로 큰 민족을
이루고 네게 복을 주어 네 이름을 창대하게 하리니 너는 복이 될지라
3 너를 축복하는 자에게는 내가 복을 내리고 너를 저주하는 자에게는
내가 저주하리니 땅의 모든 족속이 너로 말미암아 복을 얻을 것이라 하
신지라. 4 이에 아브람이 여호와의 말씀을 따라갔고 롯도 그와 함께 갔
으며 아브람이 하란을 떠날 때에 칠십오 세였더라.

믿음의 조상 아브라함이 하나님의 말씀을 듣고 새 출발하는 모습에서 난관에 처할 때마다 이 말씀을 기억하며 포기하지 않고 새 출발할 수 있었습니다.

• 신약 성경: 딤후 3:16-17,

16 모든 성경은 하나님의 감동으로 된 것으로 교훈과 책망과 바르게 함과 의로 교육하기에 유익하니 17 이는 하나님의 사람으로 온전하게 하며 모든 선한 일을 행할 능력을 갖추게 하려함이라.

성경 말씀의 귀중함을 늘 확인할 수 있었습니다.

3. 자신이 체험한 종교적 경험을 나누어 봅시다.

여러 종류가 있을 것입니다마는, 필자의 경우;

고등학교 시절 어머님이 병환 중(폐결핵) 약을 드시지 않아서 치료가 어려웠었는데 교인 한 분이 문병 차 방문하여 위로하며 기도하고 가신 후부터 약을 드시기 시작하여 쾌차하신 경험이 있습니다.

2. 구약 성경

1. 구약 성경 중 한 부분을 선택하여 발표해봅시다.

모세가 시내 산에서 십계명을 받는 장면(출 19:1-20:17),

총리 요셉이 형들을 용서하는 장면(창 45:1-15),

야곱이 에서에게서 장자 명분을 사는 장면(창 25:27-34) 등등

2. 구약 성경 39권의 이름을 기록하고 암송하여 봅시다.

창세기, 출애굽기, 레위기, 민수기, 신명기, 여호수아, 사사기, 룻기, 사무엘상, 사무엘하, 열왕기상, 열왕기하, 역대상, 역대하, 에스라, 느헤미야, 에스더, 욥기, 시편, 잠언, 전도서, 아가, 이사야, 예레미야, 예레미야애가, 에스겔, 다니엘, 호세아, 요엘, 아모스, 오바댜, 요나, 미가, 나훔, 하박국, 스바냐, 학개, 스가랴, 말라기.

'성경목록가' 악보나 노래를 유튜브Youtube 또는 인터넷에서 검색하여 들으면서 배워도 좋을 것입니다.

3. 구약 성경에 등장하는 인물 중 가장 흥미를 끈 인물을 기록하고 발표해 봅시다.

아담, 노아, 아브라함, 이삭, 야곱, 요셉, 모세, 사무엘, 다윗, 솔로몬, 다니엘, 호세아, 삼손, 기드온 등등 인물의 활동사항과 특징을 통해 '역할 모델Role Model'을 찾았으면 합니다.

1545 성경목록가

G C G C G
창 세기 출애굽기 레 위 - 기 민 수 기 신 명기
에 스라 느헤미야 에 스 - 더 욥 기 - 시 편 -
다 니엘 호 - 세아 요 - - 엘 아 모스 오 바댜
마 태 - 마 - 가 - 누 가요 한 사 도 - 행 전 -
데 살 - 로 - 니가 전 후 - 서 디 모데 전 후 -
유 다서 요 - 한 - 계 시 - 록 구 약 - 삼 십 -
D7 G D7
여 - 호수아 사 - 사기 룻 기 - 사무 엘상 하
잠언 전도 서 아 - 가 - 이 사야 예레미 - 야
요 - - - 나 미가 나훔 하 박국 스 - 바 - 냐
로 - 마 - 서 고 - 린도 전 후 - 갈라 디아 서
디 - 도 - 서 빌 - 레몬 히 브리 야 - 고 - 보
구 - 권에다 신 - 약 - 이 십 - 칠 - 권으 로
G D7 G D7 G
열 - 왕기 상 - 하 - 역 - 대상 하
예레 미야 애 - 가 - 에 - 스 - 겔
학 - 개 - 스가 랴 - 말 - 라 - 기
에베 소서 빌 - 립보 골 - 로 - 새
베 - 드로 전 - 후 - 요한 일이 삼
성 - 경 - 육 - 십 - 육권 이 - 라

3. 신약 성경

1. 신약 성경의 가장 중요한 주제가 무엇인지 살펴봅시다.

신약 성경의 주인공은 예수 그리스도이시며, 신약 성경의 주제로는 예수 그리스도의 탄생, 공생애(활동), 십자가, 부활, 재림, 사도들의 복음 증거로 교회가 세워지고 확산되는 모습들입니다.

특별히 재림 부분을 살펴보면서, 이단들의 종말론 강조, 자칭 재림주 주장 등등에 빠지지 않도록 주의해야 하겠습니다.

2. 신약 성경 27권의 이름을 기록하고 암송하여 봅시다.

마태복음, 마가복음, 누가복음, 요한복음, 사도행전, 로마서, 고린도전서, 고린도후서, 갈라디아서, 에베소서, 빌립보서, 골로새서, 데살로니가전서, 데살로니가후서, 디모데전서, 디모데후서, 디도서, 빌레몬서, 히브리서, 야고보서, 베드로전서, 베드로후서, 요한1서, 요한2서, 요한3서, 유다서, 요한계시록.

'성경목록가' 악보나 노래를 유튜브Youtube 또는 인터넷에서 검색하여 들으면서 배워도 좋을 것입니다.

3. 신약 성경에서 가장 관심이 가는 부분이 어디인지 살펴봅시다.

예수의 탄생, 예수의 공생애, 십자가 사건, 예수의 부활, 예수의 재림일 수 있습니다.

예수의 교훈(산상수훈 및 비유, 말씀)과 사도들의 활동에 관심을 가질 수도 있겠지만 신약 성경 전체를 살피는 시간이기에 간략하게 27권 책에 관한 간단한 소개 및 관심을 가지도록 하고 상세한 것은 다른 기회에 살펴보는 것이 좋을 것입니다.

제2부 성경과 삶

1. 삶의 기준인 성경

1. 어떤 삶의 기준을 가지고 살고 있는지 기록해 봅시다.

자기중심, 이기주의, 물질만능주의, 책임회피 등등을 삶의 기준으로 삼고 있지 않은지 살펴볼 일입니다.

2. 성경 말씀을 우리의 생활 속에서 실천할 수 있는 구체적인 방법들은 무엇인지 살펴봅시다.

자기중심이 삶의 기준일 경우에는 성경 말씀이라도 자기가 손해 보는 일일 경우 행할 수 없을 것입니다. 우선적으로 성경 말씀을 삶의 기준으로 삼을 때 성경 말씀을 우리의 생활 속에 실천할 수 있을 것입니다. 청종聽從(이르는 말을 듣고 잘 좇음)하는 길 뿐입니다.

3. 자신이 읽은 성경 중에서 가장 감명 받은 부분을 살펴봅시다.

여러 가지가 있을 것입니다.

1) 악한 자를 대적하지 말라.(마 5:38-42, 눅 6:29-30)
2) 마음이 청결한 자는 복이 있나니 그들이 하나님을 볼 것임이요.(마 5:8)

3) 예수가 친히 제자들의 발을 씻기시다.(요 13:1-20) 등등

2. 성경을 이해하는 방법

1. 성경에 나타나는 상징적인 언어에는 어떤 것들이 있는지 살펴봅시다.

에덴동산, 선악과, 뱀, 아버지, 목자, 반석 등등
(요한계시록에는 더 많이 등장합니다. ; 말[馬], 용龍 등등)

2. 종교와 과학의 관계를 살펴봅시다.

과학의 시대에 종교의 역할이 더 중요하다고 할 수 있습니다.

속도는 빠른데 방향을 잘못 잡으면 문제가 더욱 복잡해질 수 있습니다. 왜냐하면 과학이 속도를 나타낸다면 종교는 방향을 제시하기 때문입니다. 종교가 과학으로 하여금 바른 역할을 할 수 있도록 인도하고 지도해야 합니다.

과학은 끊임없이 발달해서 생활의 편리함을 가져오게 하는 우리가 이용하는 삶의 수단을 제시해 주고, 종교는 신을 믿고 의지하므로 우리 삶의 목적과 목표와 길을 바르게 제시해 주는 것이라 하겠습니다.

인류 최고의 과학자 아인슈타인Albert Einstein(1879-1955)은 "종교가 없는 과학은 절름발이요, 과학이 없는 종교는 맹인이다."라는 말로 종교와 과학의 관계를 아주 쉽게 설명하였습니다.

3. '직업에는 귀천이 없다.'라는 말의 뜻을 살펴봅시다.

돈을 많이 벌 수 있는 직업은 좋고[귀하고], 돈을 많이 벌지 못하는 직업은 나쁘다[천하다]고 생각하는 경우가 있습니다만, 모든 직업은 똑같이 중요하고 귀천이 없습니다.

세상에 필요 없는 직업은 없습니다. 정치인이 나라살림을 잘 이끌어 나가는 일과 환경미화원이 거리를 깨끗하게 청소하는 일은 똑같이 중요합니다. 세상의 모든 직업에 종사하는 사람이 정상적으로 활동을 해야 세상이 정상적으로 움직이게 됩니다. 모든 직업에 종사하는 사람이 사람대접을 바르게 받을 때 그 업무에 충실할 수 있게 되고 그래서 세상이 정상적으로 움직이게 됩니다. 직업은 여러 종류가 있지만 모두 하나님의 형상을 닮은 사람들이 하는 일들입니다. 모든 사람이 평등하게 대접받아야 하며 직업에 귀천이 있어서는 안 됩니다.

3. 말씀의 실천

1. 성경에 대해서 무관심했었다면 그 이유를 살펴봅시다.

너무 어려운 책, 나와는 상관없는 책으로 생각했기 때문일 것입니다.

2. 성경 말씀 중에서 '좌우명'과 '가훈'을 만들어 기록해 봅시다.

잠언에서 찾으면 많이 찾을 수 있을 것입니다.

이웃과 원수를 사랑하자.(마 5:43–44)

마음이 청결한 삶을 살자.(마 5:8)

게으르지 말자.(잠 6:6–11) 등등

3. 성경 말씀을 우리의 생활 속에서 실천할 수 있는 구체적인 방법들에 관하여 살펴봅시다.

십계명을 기억하고 지키는 방법

산상수훈을 기억하고 지키는 방법

주기도문을 기억하고 지키는 방법으로

질서를 지키며,

약속을 지키며,

남을 배려하며,

거짓말하지 않으며,

책임회피 하지 않으며,

물질만능주의를 배격하며,

자기중심적인 삶을 배격하며,

이기주의를 배격하며,

다음 사람에게 불편함이 없게 공용물건을 정리하는 일……

제3부 창조하시고 인도하시는 하나님

1. 창조하시는 하나님

1. 인류 최초의 죄가 어떻게 진행되었는지 살펴봅시다.

에덴동산에서 선악과 사건;

하나님의 말씀을 어기고(불순종), 악마(뱀)의 유혹에 하와가 넘어가고, 하와가 아담에게 먹으라고 권하고……,

하나님 앞에서 아담은 하와에게, 하와는 뱀에게 책임을 전가하는 일 등등을 통하여…….

2. 노아 시대와 현대의 타락상을 비교하여 봅시다.

먹고 마시고 시집가고 장가가고 등등.

너무 많이 먹고(못 먹어 죽는 자가 이 지구에는 많습니다. 특히 북한 어린이), 너무 많이 마셔서 문제이고, 성性, sex의 상품화, 인격파괴, 가정파괴로 노숙자, 자살자 급증 등등 현대의 타락상은 노아 시대와 비슷합니다.

3. 인류가 세계로 흩어진 이유를 살펴봅시다.

교만과 욕심으로 서로 소통이 되지 않아 불통이 되니 서로 다투게 되고, 미워하게 되니 헤어지고, 나뉘고, 멀리 떨어져 살게 되고, 만나지 못하니 남이 되고 등등.

2. 부르시는 하나님

1. 아브라함이 이삭을 제물로 바치는 순간의 아브라함과 이삭의 심정을 살펴봅시다.

아들을 바쳐야 하는 아버지 아브라함의 마음은 속이 탔을 것입니다. "이제 아들 이삭은 자라서 사람 노릇할 만한 때가 되었는데……"라고 생각하며 아브라함은 속으로 눈물을 흘렸을 것입니다. 모든 부모의 심정은 자신과 자식의 생명을 맞바꿀 수만 있다면, 대신 자신들이 그 죽음의 자리에 있고, 아들딸들은 살아 있기를 바라는 마음인데, "하나 뿐인 내 새끼 살려 주세요."라고 기도하는 마음이었을 것입니다.

아브라함은 하나님의 절대 명령에 자신의 생명과도 같은 아들을 포기했다는 것은 대단한 결단이라고 봅니다.

또한 이삭은 하나님의 절대 명령에 순종하는 아버지의 모습을 보고 아버지의 말에 순종했다는 것도 대단한 결단이라고 봅니다.

서로 민망했을 것이지만, 한편으로는 서로 모든 것을 포기하고 양보하였기에 서로 의젓했었는지도 모릅니다.(본서 92-94쪽 참고)

2. '소금 기둥이 된 롯의 아내' 이야기에서 얻을 수 있는 교훈을 살펴봅시다.

미래를 준비하는 사람은 과거의 삶은 생각하지 않고 앞을 향해 나아갑니다. 뒤돌아보면, 과거에 머뭇거리면 앞으로 나아갈 수가 없습니다. 실수하거나 실패했을 경우 다 잊어버리고 다시 새 출발하는 길이 사는 길입니다.

3. 에서와 야곱의 관계에서 얻을 수 있는 교훈을 살펴봅시다.

철저하게 생존경쟁, 적자생존의 상황에서 벗어나 서로 함께 더불어 사는 노력을 해야 할 것입니다.

남의 불행이 나의 행복이 아니라, '당신 덕분에 행복합니다.'라고 서로 말하며 사는 세상이 되도록 노력해야 할 것입니다.

3. 함께하시는 하나님

1. 자신의 꿈이 무엇인지 이야기해 봅시다.

'없어요.' '모르겠어요.' '날마다 바뀌어요.' '생각 안해 봤어요.'라고 하면 안 됩니다. 구체적으로 이야기하고 설명해 보기 바랍니다.

너는 꿈이 뭐니?

수많은 걸작을 탄생시킨 위대한 조각가 로댕.
그런 그도 어릴 적에는 내성적이고 공부도 못하는,
그야말로 '지진아'였다.

모두가 그를 무시했고,
그 역시 더욱 소심해질 수밖에 없었다.
하지만 유일하게 로댕이 당당하고
자신감 넘치는 것이 있었다.

그림 그리기도, 조각하기도 아닌
그것은 바로 꿈 말하기!

중학교 시절 어느 날,
지루한 수업분위기를 깨기 위해
선생님이 아이들에게 물었다.

"너희는 꿈이 뭐니?"
로댕은 망설임 없이 자리에서 일어나 외쳤다.

"제 가슴 속은 미켈란젤로나 라파엘로 같은
위대한 예술가가 되겠다는 생각으로 가득 차 있습니다."

누구에게도 관심 받지 못하고,

내성적이었던 로댕은 적어도 자신의 '꿈'을 말하는 것에서

만큼은 당당하고 자신감이 넘쳤던 것이다.

그리고 로댕은 진짜로 위대한 예술가가 되었다.

- 열정에 기름 붓기 中 / 김보은 정리 -

출처: 사랑밭새벽편지(2014. 05. 02.)에서

2. 요셉의 일생에서 어떤 장면이 가장 감명 깊은 장면인지 살펴봅시다.

요셉이 애굽의 총리가 된 후 형들을 용서하는 장면으로 "당신들이 나를 이곳에 팔았다고 해서 근심하지 마소서. 한탄하지 마소서. 하나님이 생명을 구원하시려고 나를 당신들보다 먼저 보내셨나이다."(창 45:5)라고 말하며 형들을 용서하며 위로하는 장면이라고 봅니다.

3. 꿈을 성취하기 위해서 어떻게 해야 하는지 살펴봅시다.

구체적으로 꿈을 세우고, 그 꿈 실현을 위해 준비하며, 포기하지 말고, 꾸준히 진행해야 합니다. 즉 한 우물을 깊게 파는 노력이 필요합니다. 세상에는 공짜가 없습니다.

4. 인도하시는 하나님

1. 십계명의 내용을 크게 두 가지로 요약하여 봅시다.

1-4계명 하나님과의 관계 계명.

5-10계명 인간과의 관계 계명.

고대 나라의 법전(함무라비Hammurabi 법전, 고조선 8조법 등등)에는 인간관계의 계명만 있고 신神과의 관계의 계명은 없는데, 모세의 십계명은 하나님과의 관계(1-4계명)와 인간과의 관계(5-10계명)의 계명으로 이루어져 있다는 점이 특이합니다.

2. 지도자에게 가장 중요한 것이 무엇인지 살펴봅시다.

철저한 준비, 바른 신념 - 바른 목표설정, 빠르고 정확한 판단력 및 결단력 등등

3. 여리고 성이 어떻게 무너졌는지, 그 과정을 살펴봅시다.

철저한 심리전으로 이스라엘이 승리했다고 봅니다. 이스라엘 백성들은 하나님의 명령에 따라 6일간 매일 여리고 성을 한 바퀴씩 돌았습니다. 그리고 일곱째 되는 날에는 성을 일곱 바퀴 돌며 백성들이 일제히 소리치자 여리고 성은 무너졌습니다.(수 6:1-25 참고)

제4부 역사를 주관하시는 하나님

1. 사사들을 세우신 하나님

1. 기드온이 군사를 모집할 때의 선정 기준과 그 이유를 살펴봅시다.

일당백, 결사 각오한 병사들을 선발했습니다. 이러한 병사가 끝가지 자기 생을 포기하면서라도 적을 물리치고 조국을 지킬 수 있기 때문입니다.

2. 각 사사들의 활약상을 조사해 봅시다.

* 사사들의 명단

이 름	소속지파	대치한 이민족	충돌 기간	평화 기간	특 징
옷니엘	유나	메소보다미아	8년	40년	갈렙의 조카, 최초의 사사 (삿 3:9–11)
에훗	베냐민	모압 왕 에글론	18년	80년	왼손잡이, 에글론 암살 (삿 3:12–30)
삼갈		블레셋			소 모는 막대기로 블레셋을 물리침 (삿 3:31)
드보라	에브라임	가나안 왕 야빈	20년	40년	바락과 함께 시스라를 물리침 (삿 4:4–5:31)
기드온	므낫세	미디안	7년	40년	300명 용사로 대적을 물리침 (삿 6:11–8:35)
돌라	잇사갈			23년	도도의 손자, 부아의 아들(삿10:1–2)

야일	므낫세			22년	길르앗에서 사역 30년 성읍 얻음 (삿 10:3－5)
입다	갓	암몬	18년	6년	순간의 서원으로 딸을 제물로 드림 (삿 11:1－12:7)
입산	유다			7년	60명의 자녀를 둠(삿 12:8－10)
엘론	스불론			10년	아얄론에 장사됨(삿 12:11, 12)
압돈	에브라임			8년	비라돈 출신(삿 12:13－15)
삼손	단	블레셋	40년	20년	나실인, 힘센장사, 여인의 꾐에 넘어가 비참한 최후를 맞음(삿 13:2－16:31)
사무엘	에브라임	블레셋			사울 왕과 다윗 왕을 세우다 마지막 사사(삼상 1:1－25:1)

3. 사무엘에 대해서 살펴봅시다.

사무엘은 어머니 한나의 기도로 나실인으로 태어나, 제사장 엘리 밑에서 성장하였습니다.

하나님의 부르심을 받아 왕이 될 수도 있었으나, 사울과 다윗에게 기름 부어 2명의 왕을 세우는 역할을 담당하였던 사람입니다.

2. 왕국을 세우신 하나님

1. 사울 왕과 다윗 왕의 차이점이 무엇인지 살펴봅시다.

- 사울 왕: 하나님의 뜻 무시하고 교만하여지다.
- 다윗 왕: 실수도 하지만 철저히 하나님을 의지하며 늘 겸손한 마음을 가지다.

2. 다윗과 요나단처럼 우정을 나눌 수 있는 친구를 사귀는 방법을 알아봅시다.

내가 먼저 상대방의 좋은 친구가 되어 주어야 좋은 친구가 되는 것입니다.

송무백열松茂栢悅(소나무가 무성하게 잘 되니, 곁에 있던 잣나무도 기뻐한다는 뜻으로, 친구의 잘 됨을 지켜보며 함께 기뻐한다는 뜻)이 되어야 한다고 봅니다.

3. 하나님이 솔로몬의 경우처럼 한 가지 소원을 말해 보라고 하신다면 어떤 소원을 구할 것인지 생각해 봅시다.

지혜를 구하면 다 해결됩니다.

국가 경영의 경우에도 안보(국방), 외교, 경제를 가장 먼저 생각하게 된다고 하지만 역시 지혜인 것 같습니다.

그러나 소원을 빌라 하면 무엇을 원할까요?

아마도 돈이겠죠?

지혜를 배울 수 있는 유머를 히니 소개합니다.

교수: 길을 걷다 두 개의 자루를 발견했어요.
한 자루엔 돈이, 다른 자루엔 지혜가 가득 있어요. 둘 중 하나만 선택해야 한다면요?

간디: 당연히 돈 자루죠.

교수: 쯧쯧, 저라면 지혜를 택했을 겁니다.

간디: 뭐 각자 자신에게 부족한 걸 선택하는 것 아니겠어요? ^^

(유종현@consline검색 2014년 3월 27일 자 참고)

3. 왕국의 분열

1. 갈멜 산의 대결에 대해서 살펴봅시다.

예언자 엘리야가 아합 왕 앞에 나타났습니다.

"그런즉 사람을 보내 온 이스라엘과 이세벨의 상에서 먹는 바알의 선지자 450명과 아세라의 선지자 400명을 갈멜 산으로 모아 내게로 나아오게 하소서.(왕상 18:19)

아합 왕은 이스라엘 모든 백성들과 바알과 아세라 선지자 850명을 갈멜 산으로 불렀습니다.

예언자 엘리야가 이스라엘 백성들에게 이렇게 호소하며 외쳤습니다. "너희가 어느 때까지 둘 사이에서 머뭇머뭇하려느냐? 여호와가 만일 하나님이면 그를 따르고, 바알이 만일 하나님이면 그를 따를지니라.(왕상 18:21)

예언자 엘리야와 바알의 선지자들은 각각 제단을 쌓고 송아지를 한 마리씩 제단에 올려놓기로 하였습니다. 그리고 불은 붙이지 않고 각자 자기의 신께 부르짖어 하늘에서 불이 내려와 제물을 태우는 쪽이 참 하나님이심을 알게 하자고 하였습니다.

바알과 아세라 선지자들이 아침부터 낮까지 부르짖어도 아무 반응이 없자 예언자 엘리야가 조롱하기 시작하였습니다. "더 큰 소리로 불러라. 못 들을 수도 있으니까. 혹시 외출한 것 아닌가? 참, 잠이 들었으면 깨워야지."

바알 선지자들이 나중에는 자기 몸에 상처를 내고 피까지 흐르게 하였으나 아무 응답이 없었습니다.

이제 예언자 엘리야는 백성들을 가까이 오게 하고 단을 정돈한 뒤 하나님께 기도하였습니다.

"여호와여, 내게 응답하옵소서. 이 백성으로 주 여호와는 하나님이신 것과 주는 그들의 마음을 되돌이키심을 알게 하옵소서."(왕상 18:37)

이에 하늘에서 불이 내려와 번제물을 몽땅 태웠습니다. 여호와 하나님만이 참 하나님이심을 깨닫게 하는 승리였습니다.

2. 남 유다의 히스기야 왕과 북 이스라엘의 아합 왕을 조사하여 살펴봅시다.

• 히스기야 왕: 선한 왕

① 엘라의 아들 호세아가 이스라엘의 왕으로 있은 지 3년째 되던 해에 아하스의 아들 히스기야가 유다의 왕이 되었습니다.

② 히스기야가 왕이 되었을 때의 나이는 25살이었습니다. 그는 29년을 다스렸습니다.

③ 히스기야 왕은 그의 조상 다윗 왕처럼 여호와께서 보시기에 옳은 일을 했습니다.

④ 히스기야 왕은 산당들을 없애고 돌기둥들을 부수고 아세라 우상을 찍어 버렸습니다. 그는 또 이스라엘 백성들이 그 때까지도 모세가 만든 놋뱀에게 향을 피워 섬기는 것을 보고 그 놋뱀도 부숴 버렸습니다.

⑤ 히스기야 왕은 이스라엘 하나님 여호와를 믿고 의지했습니다. 유다의 모든 왕 가운데서 히스기야 왕 같은 사람은 전에도 없었고 그 뒤에도 없었습니다.

• 아합 왕: 악한 왕

① 아합 왕은 22년간(B.C. 876-854) 이스라엘을 통치한 왕으로, 오므리 왕에게서 왕위를 물려받았습니다.(왕상 17:28)

② 아합 왕은 페니키아의 공주 이세벨과 결혼했습니다. 아내 이세벨(페니키아의 왕 엣바알의 딸)의 영향을 받아 바알을 숭배했습니다. 이 행위는 그 어떤 이스라엘 왕보다 여호와를 화나게 하였습니다. 그래서 오므리 왕이 사악한 왕이라고 언급되지만 아합 왕은 오므리 왕보다 더했다고 언급될 정도입니다.

③ 이 때문에 이스라엘에 가뭄이 오는 주요 원인이 되었습니다. 아합 왕은 그 책임을 엘리야와 그 동지들에게 떠넘겼고, 엘리야와 결투를 벌였습니다. 그러나 엘리야가 대 승리를 거둡니다.

④ 아합 왕은 욕심이 많아 나봇의 포도원을 욕심내어, 아내 이세벨과 공모하여 나봇을 돌로 때려죽이고 남은 포도원을 가졌습니다. 이 사건은 도덕적으로도 신앙적으로도 죄악이기에 여호와가 엘리야에게 이들의 죄를 지적하고 아합의 가문이 망할 것이고 이들의 시체는 개가 핥을 것이라고 말했습니다. 이 예언은 그대로 이루어졌습니다.

⑤ 아합 왕은 상당히 공처가로 소문난 왕입니다. 그 당시 중동의 엄청난 부를 소유했던 이세벨에게 기를 못 피고 살았다고 합니다. 그러나 여자를 많이 밝혀서 자식과 손자가 70명이라는 말이 성경에 기록되어 있습니다.

3. 바알과 아세라에 대하여 살펴봅시다.

- 바알: 베니게와 가나안의 농업 신으로 농작물, 가축 떼, 농가의 다산을 책임지는 신입니다.
- 아세라: 베니게와 수리아의 여신입니다. 가나안의 3대 여신 중의 하나로, 바알의 아내이며 풍요를 상징합니다.

제5부 지혜를 주시는 하나님

1. 찬양의 노래

1. 하나님께 어떤 방법으로 찬송하며 기도하는가를 살펴봅시다.

여러 방법이 있습니다.

- 기도: 시, 찬송, 금식 기도로 기도가 가능합니다.
- 찬송: 기도, 찬양으로 찬송이 가능합니다.

2. 시편 1편과 23편을 기록하고 암송하여 봅시다.

- 시 1편: "복 있는 사람은 악인들의 꾀를 따르지 아니하며 죄인들의 길에 서지 아니하며 오만한 자들의 자리에 앉지 아니하고 오직 여호와의 율법을 즐거워하여 그의 율법을 주야로 묵상하는도다. 그는 시냇가에 심은 나무가 철을 따라 열매를 맺으며 그 잎사귀가 마르지 아니함 같으니 그가 하는 모든 일이 다 형통하리로다. 악인들은 그렇지 아니함이여 오직 바람에 나는 겨와 같도다. 그러므로 악인들은 심판을 견디지 못하며 죄인들이 의인들의 모임에 들지 못하리로다. 무릇 의인들의 길은 여호와께서 인정하시나 악인들의 길은 망하리로다."(시 1:1-6)

• 시23편: "여호와는 나의 목자시니 내게 부족함이 없으리로다. 그가 나를 푸른 풀밭에 누이시며 쉴 만한 물가로 인도하시는도다. 내 영혼을 소생시키시고 자기 이름을 위하여 의의 길로 인도하시는도다. 내가 사망의 음침한 골짜기로 다닐지라도 해를 두려워하지 않을 것은 주께서 나와 함께하심이라 주의 지팡이와 막대기가 나를 안위하시나이다. 주께서 내 원수의 목전에서 내게 상을 차려 주시고 기름을 내 머리에 부으셨으니 내 잔이 넘치나이다. 내 평생에 선하심과 인자하심이 반드시 나를 따르리니 내가 여호와의 집에 영원히 살리로다."(시 23:1-6)

3. 하나님께 사랑의 문자를 단문으로 써 봅시다.

아이 러브 유
아이 ♡ 유
하나님, 제가 하나님을 사랑하는 거 알고 계시죠? 등등

2. 지혜의 근본

1. 잠언에서 좌우명으로 삼을 수 있는 구절 5개 이상을 찾아봅시다.

① "게으른 자여 개미에게 가서 그가 하는 것을 보고 지혜를 얻으라." (잠 6:6)

② "타인이 너를 칭찬하게 하고 네 입으로는 하지 말며 외인이 너를

칭찬하게 하고 네 입술로는 하지 말지니라."(잠 27:2)

③ "유순한 대답은 분노를 쉬게 하여도 과격한 말은 노를 격동하느니라. 지혜 있는 자의 혀는 지식을 선히 베풀고 미련한 자의 입은 미련한 것을 쏟느니라."(잠 15:1-2)

④ "적은 소득이 공의를 겸하면 많은 소득이 불의를 겸한 것보다 나으니라."(잠 16:8)

⑤ "마른 떡 한 조각만 있고도 화목하는 것이 제육이 집에 가득하고도 다투는 것보다 나으니라."(잠 17:1)

2. 지식과 지혜의 차이점을 살펴봅시다.

- 지식(how?): 헬라문화, 추상적, 과학적, 변한다, 어떻게?
- 지혜(why?): 히브리문화, 구체적, 종교적, 변하지 않는다, 왜?

3. 이 세상 모든 것이 헛되다는 것을 깨닫는 자가 가져야 할 바람직한 태도는 무엇인가 살펴봅시다.

전도서는 인간의 삶을 이루는 모든 것들이 헛되고 무익하기 때문에 삶을 마음껏 즐겨야 하고 더 나아가서는 하나님을 경외해야 한다는 것을 가르치고 있습니다.

3. 슬기로운 삶

1. 고난이 없는 세상은 가능할까? 생각해 봅시다.

고난은 천지 창조 이후 계속 존재하였습니다. 고난을 극복하기 위해 종교도 존재한다고 말합니다. 세상을 고해苦海라고도 말합니다. 고난이 없는 세상을 만드는 것은 불가능하다고 봅니다.

2. 욥이 우리에게 주는 교훈은 무엇인지 살펴봅시다.

고난은 죄罪의 결과이며 벌罰이라고 사람들은 생각합니다. 그러나 아닙니다. 의인인 욥도 고난을 받습니다. 고난에 어떻게 대응하느냐가 더 중요하다고 봅니다.

고난에 지면 절망, 낙심하지만 고난을 잘 극복하면 삶이 업그레이드 Upgrade되며 성숙해집니다.

고난은 훈련과 연단이요, 축복의 통로입니다. 하나님은 고난으로 축복을 포장하여 우리에게 전합니다.

3. 오늘을 사는 우리에게 효도란 무엇을 의미하는지 살펴봅시다.

'네 부모를 공경하라.'는 제 5계명과 동양에서 예로부터 가르친 '효도孝道는 모든 행동의 근본(百行之本)'이라는 말은 지금에도 적용되는 말입니다. 특별히 성경은 효孝 사상을 강조하고 있습니다.

"너는 네 하나님 여호와께서 명령한 대로 네 부모를 공경하라 그리하면 네 하나님 여호와가 네게 준 땅에서 네 생명이 길고 복을 누리리

라."(신 5:16)

"내 아들아 네 아비의 훈계를 들으며 네 어미의 법을 떠나지 말라. 이는 네 머리의 아름다운 관이요 네 목의 금 사슬이니라."(잠 1:8-9)

"자녀들아 주 안에서 너희 부모에게 순종하라 이것이 옳으니라. 네 아버지와 어머니를 공경하라 이것은 약속이 있는 첫 계명이니."(엡 6:1-2)

우리가 세상에 와서 처음 대면하는 사람이 부모입니다.

부모와의 관계가 좋으면 다른 사람과의 관계도 좋을 가능성이 높습니다. 그래서 부모와의 관계 효孝가 여전히 중요한 것입니다.

많은 사람들이 부모님이 살아계실 때는 소홀히 대하다가 돌아가신 다음에 후회하는 경우가 많습니다. 하지만 그때는 이미 때가 늦습니다. 부모님이 살아 계실 때 효도하면서 부모님의 은혜에 조금이라도 보답하는 자녀들이 되어야 합니다.

비록 오늘날 우리가 살고 있는 세상은 사회의 발달과 핵가족화로 인해 날로 효 사상이 쇠퇴하고 있지만, 부모를 공경하는 일에 최선을 다해야 할 것입니다.

제6부 세상을 구원하시는 하나님

1. 이스라엘 백성의 바벨론 포로 생활

1. 일제강점시대나 6·25 전쟁 때 죽음도 겁내지 않고 신앙을 지킨 분들에 대해 알아보고 살펴봅시다.

① 주기철朱基徹(1897. 11. 25.-1944. 4. 21.) 목사;

한국의 장로교 목사이자 독립 운동가입니다. 일제 강점기에 일제의 신사참배 강요를 거부하고 반대운동을 하여 일제로부터 10년형을 선고받아 복역 중 순교했습니다. 주기철 목사는 1938년 제27차 신사참배를 가결한 대한예수교장로회 총회 이후, 불법 총회의 조선예수교장로회 평양노회에 의해서 1939년 신사참배 결의에 대한 반대 이유로 장로교 목사직을 면직당했습니다. 1997년 4월 20일 산정현교회에서 예장통합 서울동노회와 1997년 장로회신학대학교는 목사직 복권과 장로교신학대학교의 복적復籍을 선포하였습니다. 그의 생을 기린 전기가 2007년『예수의 양 주기철』이란 제목으로 출판되기도 하였습니다.

② 손양원孫良源(1902. 6. 3.-1950. 9. 28.) 목사;

경남 함양군 칠성면 구성리에서 손종일 장로의 장남으로 태어났습니다. 1915년 칠원보통학교 재학중 궁성요배를 거부하여 퇴학당하였으나 선교사 L. 맥레이의 항의로 복교되기도 하였습니다. 삼일운동에 가담한 죄로 아버지가 마산형무소에 수감되자 학업을 중단했으나 일본에게 나라를 빼앗긴 상태에서 주기철 목사님을 통해 큰 영향을 받으며 신학을 공부했습니다. 1921년 일본으로 건너가 스가모중학교[巢鴨中學校(소압중학교)]를 졸업, 귀국하여 경남성경학교에서 공부하였습니다. 1938년 평양 장로회신학교를 졸업한 뒤 1939년에 여수의 한센병환자요양원 애양원愛養院의 전도사로 부임한 이후로 평생 동안 애양원의 목회자로 섬기며 애양원 사람들을 사랑했습니다. 한센병자의 환부에 입을 접촉하며 병든 환자들을 치유하고 위로했습니다. 신사참배 강요에 굴복하지 않아 1940년에 체포되어 광복 후에 출옥하였습니다. 손 목사의 곁에는 훌륭한 사모가 있었는데 목사가 감옥에 계셨을 때, 사모는 면회 갈 때마다 꼭 성경 한 구절씩을 외워 가서 목사님께 읽어 드리곤 했습니다. "만일 당신이 신사참배하면 내 남편이 아닙니다." 이렇게 감옥에 있는 목사에게 힘을 불어넣어 주었습니다. 1946년 목사 안수를 받고, 1950년 6·25가 발발하고 동년 9월 28일 UN군의 인천상륙작전이 성공하여 서울이 수복되는 날 9월 28일 전세가 역전되어 퇴패하는 공산군에 의해 총살당했습니다.

여수·순천 10·19사건 당시 아들을 처형하여 죽인 범인을 용서하고 양아들로 삼아 전도사로 키워낸 그의 일대기가 『사랑의 원자탄』이라는 제목으로 저술되기도 하였습니다.

2. 바벨론에서 귀향한 그들이 제일 먼저 성전을 건축한 일과 청교도들이 아메리카 대륙으로 건너가 제일 먼저 교회를 세운 일을 비교하여 봅시다.

① 개인의 일보다 공동체의 일을 먼저 실시하였고

② 교육을 우선하여 학교를 먼저 세울 만도 한데 교회를 먼저 세운 것은 교육보다 신앙이 더 중요하다는 것을 알고 있는 자들이었던 것 같습니다.

3. 우리나라 통일을 위해 미리 준비할 일은 무엇일까 살펴봅시다.

남쪽 사람들은 북쪽으로 올라가 부동산 투기부터 할 것 같고, 북쪽 사람들은 남쪽으로 내려와 저임금 노동자로 전락될 것 같아 하나님이 통일을 아직 허락하지 않는다는 말이 있습니다.

통일되면 북쪽에는 먼저 공공 투자부터 해야 합니다.

특별히 남쪽의 우리들이 북쪽과 빈부격차가 나지 않도록 배려해야 할 것이며, 북쪽에 특혜를 베푼다 생각하지 말고 투자해야 할 것입니다.

앞서 이야기한 부동산 투기나, 저임금 노동자로 전락되지 않도록 배려해야 할 것입니다.

그리고 이산가족 간의 상속권 문제, 재산권 문제 등등을 해결하기 위해 미리 남북 간에 협의하고 준비하는 일도 아주 중요하다고 봅니다.

2. 예언자를 통해 말씀하시는 하나님

1. 예언자들이 전한 메시지에 대하여 살펴봅시다.

- 아모스: 정의의 예언자
- 호세아: 사랑의 예언자
- 예레미야: 눈물의 예언자
- 미가: 정의, 사랑, 눈물의 예언자로 메시아 예언

2. 요시아 왕의 업적에 대하여 조사하여 봅시다.

요시야 왕은 남 왕국 유다에서 가장 훌륭한 왕으로 평가받고 있습니다. 요시야 왕은 히스기야 왕의 증손자이며 므낫세 왕의 손자고 아몬 왕의 아들입니다. 8살에 왕이 되어 31년간 유다를 다스립니다.

요시야 왕처럼 마음과 뜻과 힘을 다하여 하나님을 섬긴 왕은 요시야 왕 전에도 없었고 후에도 없을 것이라고 말씀합니다.(왕하 23:25 참고)

그의 업적은 우상 숭배를 금지하고 성전을 수리하였으며 유월절 절기를 회복시키고 백성들로 하여금 하나님의 법을 지키도록 한 것입니다. 하지만 이집트 왕 느고의 앗수르 공격을 막다가 전사합니다.

3. 메시아 사상과 그 예언에 대하여 살펴봅시다.

이스라엘 사람들은 특별히 로마로부터 독립과 해방을 위하여 정치적인 메시아를 기대하였습니다.

이사야는 고난의 종으로 올 것을 예언하였으며, 미가는 태어날 장소까지 예언하였습니다.

예수 그리스도는 '예수는 그리스도입니다.(Jesus is Christ)', '그리스도로서의 예수입니다(Jesus as Christ)'라는 의미입니다.

3. 구원하시는 하나님

1. 우리나라에도 부림절에 해당되는 명절이 있는지 살펴봅시다.

광복절과 삼일절의 의미를 확대하여 그 뜻을 확인할 수 있을 것입니다.

2. 요나가 "니느웨 성에 가서 외치라."라는 하나님의 명령을 어기고 왜 도망갔는지 그 고민에 대해서 살펴봅시다.

'일본이 망하니 가서 망하지 않게 하라.'는 하나님의 명령을 받는다면 우리는 어떻게 하겠습니까? 많은 사람들이 일본이 망하길 바라고 일본으로 가지 않을 것입니다. 아마 요나도 그런 심정이었을 것입니다.

3. 탕자의 비유(눅 15:11－32)를 찾아 읽어 보고 거기에 나타난 아버지의 사랑을 살펴봅시다.

가출했다가 돌아온 자녀를 혼내는 부모는 자식을 사랑하지 않는 것일까? 대조하여 살펴보시기 바랍니다.

사랑의 표현 방법이 다를 뿐이 아닌가 합니다.

하나님은 우리의 아버지처럼 사람들이 하나님께 돌아오면 죽은 자식이 살아온 것처럼 반기신다는 것을 기억하시길 바랍니다.

제7부 예수 그리스도의 생애

1. 세상에 오신 예수

1. 예수가 탄생하실 때에 있었던 사건들에 대해서 살펴봅시다.

유대인들에게 호적을 등록하라는 명이 내리다.

요셉과 마리아가 베들레헴으로 가다.

동방박사가 예루살렘 방문하다.

동방박사들이 헤롯 왕에게 왕의 탄생을 확인하다.

헤롯 왕이 동방박사에게 베들레헴을 일러 주다.

동방박사에게 헤롯 왕도 경배하겠다고 후에 알려 달라고 부탁하다.

천사가 목동들에게 나타나다.

목동들이 아기 예수께 경배하다.

동방박사들이 아기 예수께 경배하다.

동방박사들은 헤롯 왕에게 재차 방문하지 않고 고국으로 직행하다.

천사가 꿈에 요셉에게 등장하여 애굽으로 피신하게 하다.

헤롯 왕은 군사들을 풀어 2세 이하 아이들을 학살하다.

등등.

2. 예수의 12제자의 이름과 각 사람의 특징을 살펴봅시다.

갈릴리 호수에서 고기잡이 하던 베드로, 맨 처음 예수의 제자가 되었던 베드로의 동생 안드레, 급한 성격을 가졌던 야고보와 요한, 빌립, 바돌로매, 의심 많은 도마, 세관에서 세금을 받고 있다가 부름을 받은 세리 마태, 알패오의 아들 야고보, 다대오, 민족주의자이며 열심당원인 시몬, 예수를 팔아넘긴 가룟 유다가 열두 제자였습니다.

3. 예수의 공생애에서 가장 기억에 남는 부분에 대하여 살펴봅시다.

예수의 삶이 다 중요하겠지만, 특별히 마태복음 5장-7장의 산상수훈이 중요하다고 생각합니다. 산상수훈은 성경 중에 성경이라고도 말합니다.

2. 고난 받으신 예수

1. 예수가 제자들의 발을 씻겨 주신 것은 무슨 의미가 있는지 살펴봅시다.

나는 섬김을 받으러 온 것이 아니라 섬기러 왔노라는 말씀을 직접 실천하시고 제자들에게 본을 보여 주신 사건이라고 봅니다.

2. 최후의 만찬인 성찬식의 의미에 대해서 살펴봅시다.

성례전으로 거룩한 예전禮典이며, 빵은 예수의 살과 몸을, 포도주는 예수의 피를 상징합니다. 세례교인만이 성찬식에 참여할 수 있습니다.

3. 예수가 십자가 위에서 한 일곱 가지 말씀을 찾아 살펴봅시다.

① 마 27:45–46 "엘리 엘리 라마 사박다니(나의 하나님, 나의 하나님, 어찌하여 나를 버리셨나이까?)"
② 눅 23:34 "아버지 저들을 사하여 주옵소서. 자기들이 하는 것을 알지 못함이니이다."
③ 눅 23:43 "오늘 네가 나와 함께 낙원에 있으리라."
④ 눅 23:46 "아버지 내 영혼을 아버지 손에 부탁하나이다."
⑤ 요 19:26 "여자여, 보소서. 아들이니이다." "보라, 네 어머니라."
⑥ 요 19:28 "내가 목마르다."
⑦ 요 19:30 "다 이루었다."

3. 부활하신 예수

1. 의심하는 도마의 심정에 대하여 살펴봅시다.

과학시대에 '보고 믿어야지'라고 생각하는 것은 당연하다고 생각할 수 있습니다. 그러나 존재하면서도 보이지 않는 것들이 얼마나 많은지 모릅니다.(바람, 마음, 사랑, 미움, 지혜, 진리 등등)

삶의 현장에서 자리를 지키는 일이 중요합니다.

2. 예수 부활의 의미는 무엇인가 살펴봅시다.

새 출발, 희망, 죽음을 이기심, 죽음 후에 부활, 고난 후에 영광 등등.

3. 우리에게 부활은 무슨 의미가 있는지 살펴봅시다.

새 출발, 희망, 죽음을 이기심, 죽음 후에 부활, 고난 후에 영광 등등.
예수의 부활의 의미가 우리의 부활의 의미가 되어야 합니다.

4. 다시 오실 예수

1. 우리들이 예수의 증인으로서 해야 할 일을 살펴봅시다.

예수의 제자들처럼, 십자가를 지시고 죽으신 후 부활하신 예수가 그리스도라는 사실과 세상 마지막 날 주님이 다시 오셔서 세상을 구원하신다는 사실을 증거해야 합니다.

베드로는 재판정 앞에서 예수를 부인하였었고, 제자들은 도망갔었습니다. 부인하고 도망갔던 바로 그들이 목숨을 바쳐 예수 부활을 증거하였습니다.

확실하지 않은 거짓을 위해 목숨을 바칠 수 있었을까요?

2. 열 처녀의 비유의 의미를 살펴봅시다.

지혜로운 다섯 처녀처럼 미리 준비하여야 합니다.

옳고 그름을 분별하는 능력, 미래를 준비하는 능력, 문제를 해결할 수 있는 능력이 지혜입니다.

3. '마라나타'의 의미와 우리의 신앙생활의 자세에 대하여 살펴봅시다.

'마라나타'는 아람어로 '우리 주여, 어서 오시옵소서.'라는 뜻입니다.

기다려도 오시지 않는 재림의 주님, 그런데도 재림의 주님이 곧 오실 것이라는 기대는 왜 지속되고 반복되는 것이겠습니까?

재림의 주님이 곧 오셔서 새 땅과 새 하늘의 세계를 만들어 주실 것이라는 희망과 기대가 오늘의 고난과 역경을 이겨 낼 수 있기 때문입니다.

내세에 대한 기대와 하나님의 나라에 대한 희망이 '마라나타'라는 말로 표현되었다고 봅니다.

제8부 예수 그리스도의 말씀과 이적

1. 가르치시는 예수

1. 산상 수훈에는 어떤 교훈들이 더 있는지 살펴봅시다.

① 복이 있는 사람(8복).(마 5:1-12, 눅 6:20-23)

② 소금이요 빛이라.(마 5:13-16, 막 9:50, 눅 14:34-35)

③ 예수와 율법.(마 5:17-20)

④ 노하지 말라.(마 5:21-26)

⑤ 간음하지 말라.(마 5:27-32, 마 19:9, 막 10:11-12, 눅 16:18)

⑥ 맹세하지 말라.(마 5:33-37)

⑦ 악한 자를 대적하지 말라.(마 5:38-42, 눅 6:29-30)

⑧ 원수를 사랑하라.(마 5:43-48, 눅6:27-28, 32-36)

⑨ 구제함을 은밀하게 하라.(마 6:1-4)

⑩ 너희는 이렇게 기도하라(주기도문).(마 6:5-15, 눅 11:2-4)

⑪ 외식으로 금식하지 말라.(마 6:16-18)

⑫ 보물을 하늘에 쌓아 두라.(마 6:19-34, 눅 11:34-36, 12:22-34, 16:13)

⑬ 비판하지 말라.(마 7:1-6, 눅 6:37-38, 41-42)

⑭ 구하라. 찾으라. 문을 두드리라.(마 7:7-11, 눅 11:9-13)

⑮ 황금률.(마 7:12)

⑯ 좁은 문.(마 7:13-14, 눅 13:24)

⑰ 열매로 그들을 알리라.(마 7:15-27, 눅 6:43-44, 47-49, 13:25-27)

2. 예수의 비유 중 가장 인상적인 비유가 무엇인지 살펴봅시다.

① 씨 뿌리는 비유.(마 13:1-8)

② 가라지 비유.(마 13:24-30)

③ 겨자씨 비유.(마 13:31-32)

④ 누룩의 비유.(마 13:33)

⑤ 보물의 비유.(마 13:44)

⑥ 진주의 비유.(마 13:45-46)

⑦ 그물의 비유.(마 13:47-50)

⑧ 날란트 비유.(마 25:14-30)

위의 비유 중에서 선택하여 깊게 생각하시길 바랍니다.

3. 참된 제자가 되기 위해서 할 수 있는 것들에 대해서 살펴봅시다.

"좁은 문으로 들어가라. 멸망으로 인도하는 문은 크고 그 길이 넓어 그리로 들어가는 자가 많고, 생명으로 인도하는 문은 좁고 협착하여 찾는 이가 적음이라."(마 7:13-14)

세상의 나쁜 풍조에 동조하지 않기,

의인 열사람이 없어서 소돔과 고모라가 망했다고 했는데
의인 10명 중에 1명이 될 수 있도록 사는 일,
화내지 않기,
항상 미소 짓기,
남을 배려하기,
질서 지키기,
약속 지키기,
언행일치의 삶을 살아가기,
타인의 단점을 말하기 보다는 장점을 말하기,
자신에게는 엄격하되 타인에게는 관용을 베풀기 등등.

2. 이적을 행하시는 예수

1. 예수가 행한 이적 중 인상적인 이적은 무엇인지 살펴봅시다.

본서 중에 소개된 이적 중에서 찾아 볼 수 있길 바라며, 이 모든 이적들은 예수가 하나님의 아들임을 증거하는 표시였고, 하나님의 나라를 이루어 가기 위한 전도의 한 방법이었음을 기억해야 할 것입니다.(본서 256쪽-263쪽 참고)

2. 우리 주변에서 믿음으로 병 고침을 받은 사례가 있는지 살펴봅시다.

병원과 약을 이용하지 않고 기도와 믿음으로 병 고침을 받은 경우도 있겠지만, 병원과 약을 이용하면서도 믿음으로 기도하며 하나님이 낫게 해 주셨다고 고백할 수 있는 상태라면 다 믿음으로 병 고침을 받은 사례일 것입니다.

3. 중한 병에 걸린 사람에게 필요한 종교적 돌봄에는 어떤 것이 있는지 살펴봅시다.

호스피스 제도가 종교적 돌봄의 대표적인 경우일 것입니다. 호스피스란 죽음을 앞둔 환자에게 연명의술延命醫術 대신 평안한 임종을 맞도록 위안과 안락을 최대한 베푸는 봉사활동으로 심리적·종교적으로 도움을 주어 인간적인 마지막 삶을 누릴 수 있도록 돌본다는 의미입니다.

제9부 교회의 역사

1. 교회의 시작

1. 교회는 어떻게 시작되었는지 살펴봅시다.

가이사랴 빌립보에서 시몬 베드로가 "주는 그리스도시요. 살아계신 하나님의 아들이시니이다."라고 고백하자, 예수는 '교회'라는 말을 처음으로 사용하시면서, 베드로의 이 고백 위에 교회를 세우겠다고 말씀하셨습니다.

초대 교인들은 오순절 성령 강림 이후 예수 그리스도를 믿는 믿음과 사도들의 가르침과 함께, 성령이 역사하심으로 처음으로 교회가 형성되었습니다. 오순절은 교회의 탄생일이라고 해도 틀리지 않습니다.

2. 초대 교회와 현대 교회의 공통점과 차이점은 무엇인지 살펴봅시다.

• 공통점

: 우선 교회가 교회다워지는 데에 꼭 있어야 할 세 가지, 일컬어 교회의 3대 요소를 들 수 있습니다.

첫째는 말씀이다. 케리그마KERIGMA라 합니다.

둘째는 사귐이다. 코이노니아KOINONIA라 합니다.

셋째는 섬김이다. 디아코니아DIAKONIA라 합니다.

말씀, 케리그마에는 3가지가 있습니다. 첫째는 사람이 된 말씀, 곧 이 땅에 오신 하나님이신 예수 그리스도입니다. 둘째는 기록되어진 말씀 곧 성경입니다. 셋째는 선포되어지는 말씀으로서의 설교입니다.

위의 요소는 여전히 초대 교회와 현대 교회의 공통점입니다.

• 차이점

: 조직과 제도면에서 초대 교회는 단순했다고 한다면, 현대 교회는 복잡해졌다고 할 수 있겠습니다.

3. 지도자의 자격에는 어떤 것이 있는지 살펴봅시다.

디모데전서에 감독과 집사의 자격이 나와 있습니다.

여기에 준하여 지도자의 자격을 이야기하면 좋으리라 봅니다.

1 미쁘다 이 말이여, 곧 사람이 감독의 직분을 얻으려 함은 선한 일을
사모하는 것이라 함이로다. 2 그러므로 감독은 책망할 것이 없으며 한
아내의 남편이 되며 절제하며 신중하며 단정하며 나그네를 대접하며 가
르치기를 잘하며, 3 술을 즐기지 아니하며 구타하지 아니하며 오직 관용
하며 다투지 아니하며 돈을 사랑하지 아니하며, 4 자기 집을 잘 다스려
자녀들로 모든 공손함으로 복종하게 하는 자라야 할지며, 5 (사람이 자
기 집을 다스릴 줄 알지 못하면 어찌 하나님의 교회를 돌보리요.) 6 새로
입교한 자도 말지니 교만하여져서 마귀를 정죄하는 그 정죄에 빠질까
함이요. 7 또한 외인에게서도 선한 증거를 얻은 자라야 할지니 비방과

마귀의 올무에 빠질까 염려하라. 8 이와 같이 집사들도 정중하고 일구이
언을 하지 아니하고 술에 인박히지 아니하고 더러운 이를 탐하지 아니하
고, 9 깨끗한 양심에 믿음의 비밀을 가진 자라야 할지니, 10 이에 이
사람들을 먼저 시험하여 보고 그 후에 책망할 것이 없으면 집사의 직분
을 맡게 할 것이요. 11 여자들도 이와 같이 정숙하고 모함하지 아니하며
절제하며 모든 일에 충성된 자라야 할지니라. 12 집사들은 한 아내의
남편이 되어 자녀와 자기 집을 잘 다스리는 자일지니, 13 집사의 직분을
잘한 자들은 아름다운 지위와 그리스도 예수 안에 있는 믿음에 큰 담력
을 얻느니라.(딤전 3:1-13)

2. 시련 속에서 성장하는 교회

1. 예수와 스데반의 죽음의 공통점은 무엇인지 살펴봅시다.

스데반은 피 흘리며 죽는 순간에도 예수처럼 기도하였습니다.

하나는 "주 예수여, 내 영혼을 받으시옵소서."(행 7:59)였고, 다른 하나는 "주여, 이 죄를 그들에게 돌리지 마옵소서."(행 7:60)였습니다.(본서 273-274쪽 참고)

2. 빌립이 에티오피아 내시에게 전한 복음의 영향은 선교에 어떤 영향을 가져왔는지 살펴봅시다.

빌립은 이스라엘 남쪽으로 가라는 주의 천사의 지시를 받고 가다가, 예루살렘에 예배하러 왔다가 돌아가면서 성경 이사야서를 읽고 있었으

나, 거기에 나오는 메시아의 고난이 무엇을 말하는지를 알지 못하고 있던 에티오피아 여왕 간다게의 내시(장관)를 만나게 되었습니다.

그때 빌립이 자세히 설명해 주고 예수 그리스도를 증거하며, 마침내 그에게 세례를 베풀기까지 하였습니다.

예수는 "오직 성령이 너희에게 임하시면 너희가 권능을 받고 예루살렘과 온 유대와 사마리아와 땅 끝까지 이르러 내 증인이 되리라."(행 1:8)라고 말씀하셨습니다.

이 말씀의 성취가 진행되는 과정으로 복음 전파의 세계화의 한 과정이라고 볼 수 있겠습니다.(본서 274-275쪽 참고)

3. 바울이 회심한 상황(장면)은 어떠했을까 살펴봅시다.

이 장면을 본 사람이 없으니 상상에 맡길 수밖에 없으나, 빛이 아주 밝게 비췄을 것이고(그래서 바울을 눈을 볼 수 없게 되었을 것입니다.), 예수의 음성이 들렸을 것이며, 바울은 무릎을 꿇고 "잘못했습니다. 예수님 당신의 말씀에 순종하겠으며, 복음 전하는 일에 삶을 바치겠습니다." 라고 서약했을 것 같습니다.

3. 세계 선교의 문을 여는 교회

1. 바울과 실라는 어떻게 함께 파송되었는지 살펴봅시다.

실라는 초대 예루살렘 교회의 유력한 지도자 중 한 사람이며, 사도 바울의 신실한 마음의 형제로 알려졌으며(벧전 5:12), 예언자 중 하나였습니다.(행 15:22, 32) 또 실라는 초대 교회 사도 베드로와도 좋은 친분을 갖고 있었습니다. 사도 베드로가 베드로전·후서를 기록할 때 대필하기도 했습니다.(벧전 5:12)

사도 바울이 제2차 전도여행(49년−52년)을 시작할 즈음, 마가와의 동반을 거부한 것 때문에 제1차 전도여행의 동반자 바나바와 작별했습니다. 바나바와 마가는 그들의 고향 구브로에 들어가 교회 사역을 수행했고, 사도 바울은 그의 친구 실라와 함께 수리아와 길리기아 지역으로 다니며 전도했습니다.(행 15:40)

바울과 그의 친구 실라는 귀신들려 점치는 자를 치유한 것이 화근禍根이 돼 빌립보 관가에 피소被訴됐습니다.

바울과 실라는 아무 이유 없이 빌립보 감옥에 갇히는 수난을 겪기도 했으나, 주님의 놀라운 능력을 나타내고 복음을 전하는 놀라운 기회가 됐습니다.(행 16:19−40 참고)

2. 바울의 전도여행을 살펴봅시다.

바울의 전도 활동은 3차에 걸쳐 이루어졌습니다. 바울은 이 전도 여행 활동을 통해서 이방인들을 구원하고자 하시는 하나님의 뜻을 확인할 수 있었고, 이방인들을 구원하기 위해 선택받은 자신의 사명을 잘 감당하였습니다.

• 제 1차 전도 여행

바울의 1차 전도 여행 활동은 기원후 46−48년경에 이루어졌다. 주로 구브로(키프로스)와 소아시아 지방을 중심으로 실현되었습니다.

바울은 이 기간에 예루살렘에서 모인 공회公會에 참석하여, '구원은 오직 예수 그리스도를 믿는 믿음에 의해서 하나님의 은혜로 얻어진다.'는 교리를 확정시켰습니다.

그래서 이방인들에게도 '예수 그리스도를 믿음으로 구원을 받는다.'는 확신을 심어 주었습니다.

• 제 2차 전도 여행

바울의 2차 전도 여행 활동은 동남부 유럽, 마게도냐(마케도니아), 아가야를 중심으로 이루어졌습니다.

빌립보를 전진 기지로 한 이 활동은 기원후 49-52년 사이에 이루어졌고, 이때 바울은 실라와 동역했습니다.

예루살렘 공회에서 이방인 전도에 대한 지지를 이끌어 낸 바울은 실라와 함께 2차 전도 여행을 출발하였습니다.

바울은 2차 전도 여행 중에 드로아에서 "마게도냐로 와서 우리를 도우라."는 환상을 보고 바다를 건너 유럽의 첫 도시 빌립보에 교회를 세웠습니다.

바로 이곳이 바울과 실라가 감옥에서 한밤중에 하나님을 찬양하다가 풀려난 기적이 일어났던 곳입니다.

• 제 3차 전도 여행

바울의 3차 전도 활동은 안디옥에서 시작하였으며, 주로 에베소를 중심으로 이루어졌습니다.

바울은 오늘날의 터키 지역인 소아시아의 에베소에서 3년을 머물

며 힘을 다해 전도 활동을 하였고, 그 결과 큰 선교의 성과를 거두었습니다.(본서 281－284쪽 참고)

3. 바울의 업적을 살펴봅시다.

바울은 초대 교회에서 베드로와 더불어 중요한 역할을 하였습니다.

베드로가 초대 교회를 세우고 지키며 교인들을 일치시키는 일을 했다면, 바울은 전도하고 교리 체계를 세우며 말씀을 가르치는 일을 하였습니다.

바울의 업적을 요약해 보면 다음과 같습니다.

첫째, 바울은 선교의 세계화를 실현시켰습니다.

둘째, 바울은 예루살렘 교회가 세워진 이후 여기저기 세워진 교회의 각종 문제를 복음 안에서 해결하여, 교회의 순수성을 지켜 나갈 수 있도록 하는 데 공헌하였습니다.

셋째, 바울은 교회를 세우는 데도 큰 공헌을 하였습니다. 빌립보 교회, 고린도 교회, 갈라디아 교회, 데살로니가 교회 등은 바울에 의해서 세워진 교회들입니다.

넷째, 바울은 기독교 교리를 체계화하는 데 큰 공헌을 하였습니다.

바울은 예수 그리스도 이후 최고의 선교사이자 교사라고 할 수 있습니다.(본서 284－285쪽 참고)

하나님의 러브 레터

청소년을 위한 성경 통째로 살펴보기

초판 1쇄 발행 2015년 9월 23일
2쇄 발행 2015년 12월 10일
3쇄 발행 2016년 5월 31일

지은이 허식
발행인 윤석현
발행처 박문사
등 록 제2009-11호

주 소 서울시 도봉구 우이천로 353 성주빌딩 3F
전 화 (02) 992-3253 (대)
전 송 (02) 991-1285
전자우편 bakmunsa@daum.net
홈페이지 http://www.jncbms.co.kr

책임편집 김선은

ISBN 978-89-98468-75-0 03230 **정가** 17,500원